FRENCH – ENGLISH

bilingual guide to

business and professional

correspondence

SECOND EDITION

ANGLAIS – FRANÇAIS

guide bilingue de la

correspondance commerciale

et professionnelle

DEUXIEME EDITION

FRENCH – ENGLISH

bilingual guide to

business and professional

correspondence

SECOND EDITION

ANGLAIS – FRANÇAIS

guide bilingue de la

correspondance commerciale

et professionnelle

DEUXIEME EDITION

ANNE-MARIE GARCIA
JOSEPH HARVARD
and
FÉLIX ROSE

PERGAMON PRESS

OXFORD · NEW YORK · BEIJING · FRANKFURT
SÃO PAULO · SYDNEY · TOKYO · TORONTO

U.K.	Pergamon Press plc, Headington Hill Hall, Oxford OX3 0BW, England
U.S.A.	Pergamon Press, Inc., Maxwell House, Fairview Park, Elmsford, New York 10523, U.S.A.
PEOPLE'S REPUBLIC OF CHINA	Pergamon Press, Room 4037, Qianmen Hotel, Beijing, People's Republic of China
FEDERAL REPUBLIC OF GERMANY	Pergamon Press GmbH, Hammerweg 6, D–6242 Kronberg, Federal Republic of Germany
BRAZIL	Pergamon Editora Ltda, Rua Eça de Queiros, 346, CEP 04011, Paraiso, São Paulo, Brazil
AUSTRALIA	Pergamon Press Australia Pty Ltd., P.O. Box 544, Potts Point, N.S.W. 2011, Australia
JAPAN	Pergamon Press, 5th Floor, Matsuoka Central Building, 1–7–1 Nishishinjuku, Shinjuku-ku, Tokyo 160, Japan
CANADA	Pergamon Press Canada Ltd., Suite No 271, 253 College Street, Toronto, Ontario, Canada M5T 1R5

Copyright © 1989 Pergamon Press plc

First edition 1965
Reprinted 1975, 1976, 1978, 1979, 1981, 1985, 1986, 1987
Second edition 1989

Library of Congress Cataloguing-in-Publication Data

Garcia, Anne Marie.
Bilingual guide to business and professional correspondence
(French–English) = Guide bilingue de la correspondance
commerciale et professionnelle (anglais-français).
(Bilingual guides series)
Rev. ed. of: Bilingual guide to business and professional
correspondence (French–English)/Joseph Harvard, c1965.
Bibliography: p.
1. Commercial correspondence. 2. Commercial
correspondence, French.   I. Harvard, Joseph.   II. Rose, Félix.
III. Harvard, Joseph. Bilingual guide to business and professional
correspondence (French–English)
IV. Title.   V. Title: Guide bilingue de la correspondance
commerciale et professionnelle (anglais-français)
VI. Series.
HF5726.G28   1988   651.7'5   87–35940

British Library Cataloguing in Publication Data

Garcia, Anne Marie.
FRENCH–ENGLISH bilingual guide to business and professional
correspondence = ANGLAIS–FRANÇAIS guide bilingue de la
correspondance commerciale et professionnelle
2nd ed – (Bilingual Guides)
1. Business correspondence – Manuals
I. Title. II. Harvard, Joseph. III. Rose, Félix
808'.066651021

ISBN 0–08–034989–7   Hardcover
ISBN 0–08–034988–9   Flexicover

Printed in Great Britain by BPCC Wheatons Ltd, Exeter

Contents

Contents

Table des matières

Preface

This book sets out to provide a selection of sentences and phrases which may be found useful for composing business letters of various kinds. It is not only intended for those engaged in commerce but also for anyone wishing to deal with such matters of general interest as seeking advice on investments, making arrangements for a visit abroad, or applying for a post. The specialized vocabulary of any trade or profession can be readily found in dictionaries, so that the book is confined to material which may be helpful in providing a framework for the correspondence of any of them.

To make for easy reference the subject matter has been divided under different headings with the English version on the left-hand page and the French on the right, so that the sentences required for composing a particular letter can be readily ascertained.

In order to avoid unnecessary repetition, all salutations and stock phrases for expressing thanks, regrets, wishes, requests, etc., have been listed separately, as have suitable phrases for starting new paragraphs (see pages 16 to 24).

The book is confined to simple routine correspondence in which questions of tone and feeling hardly arise. Such letters can only be written by those who have a perfect command of the language. However, routine matters such as tactful reminders of promises not fulfilled and repeated requests for payment, will be found on pages 98 to 100.

The usual courtesies that add a personal touch to business correspondence have been listed on pages 26, 28.

A short appendix shows the main differences between British and American usage.

Préface

Le présent ouvrage a pour objet de fournir aux lecteurs un choix judicieux de phrases et de tournures qui leur seront des plus utiles pour rédiger eux-mêmes, ou elles-mêmes, diverses lettres d'affaires. Il s'adresse non seulement aux personnes qui sont dans le commerce, mais encore à toutes celles s'occupant de choses d'un intérêt général: qu'il s'agisse, par exemple, de demander conseil sur des investissements, de dispositions à prendre pour un voyage à l'étranger, de demandes d'emploi, etc. La terminologie spéciale qui a cours dans tel ou tel genre de commerce ou bien dans telle ou telle profession se trouve aisément dans les dictionnaires. C'est pourquoi ce livre se borne à donner des textes qui seront d'une certaine assistance aux usagers en leur fournissant les éléments essentiels de leur correspondance commerciale, quel qu'en soit le sujet ou peu s'en faut.

Afin que cet ouvrage soit plus facile à consulter, les sujets y sont répartis sous les rubriques appropriées: le texte anglais étant imprimé sur les pages de gauche, le texte français sur les pages de droite. Ainsi les phrases nécessaires à la rédaction d'une lettre seront facilement repérables.

Pour éviter toute répétition inutile, les salutations et les phrases toutes faites pour exprimer des remerciements, des regrets, des vœux, des désirs, etc., sont inscrites séparément. De même, les phrases qui conviennent au début d'alinéas (voir pages 17 à 25).

Le présent ouvrage s'en tient à la correspondance simple et courante dans laquelle les nuances de ton et le sentiment ne sont guère de mise. Sinon, la lettre ne pourrait être rédigée que par une personne possédant déjà la langue à fond. Toutefois, exception est faite de questions usuelles telles que le rappel courtois de promesses

For this edition the original work (by Joseph Harvard, with French text by Félix Rose, membre de la Société Française des Traducteurs, Paris) has been entirely revised by Anne-Marie Garcia in order to take account of the changes in business correspondence which have occurred in recent years in both countries. In addition, examples of the layout of English and French letters will be found on pages 205, 206, as an extra source of reference.

non tenues ou la demande réitérée d'un règlement de compte, dont on trouvera les phrases appropriées aux pages 99 à 101.

Les formules de politesse qui confèrent à la correspondance commerciale un cachet plus personnel se trouvent aux pages 27, 29.

Un court appendice met en évidence les principales différences qui existent entres les expressions d'usage en Grande-Bretagne et aux Etats-Unis.

L'oeuvre originale (par Joseph Harvard, texte français par Félix Rose, membre de la Société des Traducteurs, Paris) pour cette édition a été entièrement révisée par Anne-Marie Garcia afin de tenir compte des changements qui ont eu lieu ces dernières années dans la correspondance commerciale des deux pays. En outre, des exemples de présentation de lettres anglaises et françaises ont été ajoutés, pages 205, 206, offrant une source de référence supplémentaire.

I

The lay-out of a French business letter

Présentation de la lettre
d'affaires anglaise

1. THE HEADING

At the top of a firm's letter is found the printed letter-heading indicating the name and the address of the firm, its telephone number, telegraphic address, and often some additional information, e.g. its bankers, the telegraphic code they use, the number of their postal cheque account (for remittances within France only).

Private individuals write their name and address either on the top left-hand corner or bottom right immediately below the signature.

2. THE ADDRESS

About three to five lines below the heading, on the right-hand side, follows the name, title or trade and address of the recipient of the letter. A firm is addressed as *Messieurs* but this is omitted before impersonal styles such as SOCIETE METALLURGIQUE DU NORD. The second line contains the trade or profession of the addressee unless it is already expressed in the firm's style. In the next line follows the street preceded by the house number.

Beneath this, usually separated by a space, comes the postcode and the town (always in capitals)★ followed by the country (for a letter abroad)†.

It is regarded as discourteous to abbreviate any titles in the address whether on the letter or the envelope. *M, Mme, Dr, Sté* should always be written *Monsieur, Madame, Docteur, Société.*

Addresses would therefore take the following forms:

Messieurs DURAND & Cie   Monsieur le Directeur
Fabricants de meubles   de la Société ABTC
14, rue Argenton   43, place Trianon
31450 ORLEANS   75008 PARIS
              Mr J Markeson
              15 Starcross St
              GB – LONDON SW1 2LF
              ANGLETERRE

1. L'EN-TÊTE

En haut d'une lettre commerciale se trouve l'en-tête imprimé donnant le nom et l'adresse de l'expéditeur, son numéro de téléphone et son adresse télégraphique enregistrée et, en bas de la page, les noms et prénoms des directeurs de l'entreprise. Les personnes privées qui n'ont pas de papier à en-tête inscrivent leur adresse en haut, à droite, comme suit:

> 65 Albert Road
> Regent's Park
> LONDON NW1 5BD
>
> 24 July 19 ...

2. LA SUSCRIPTION

Les nom, titre et adresse du destinataire se trouvent à gauche. Le nom d'une société commerciale s'écrit précédé de *Messrs.*, généralement omis devant une raison sociale impersonnelle telle que THE NORTH-ENGLAND STEEL COMPANY.

Une lettre adressée à une grosse entreprise comprenant de nombreux services doit, normalement, porter aussi l'indication du service qu'elle intéresse.

Une lettre à une banque est toujours adressée au directeur (*The Manager*).

Lorsqu'on écrit à un homme en Angleterre on utilise encore parfois le terme honorifique *Esquire* après le nom, mais de plus en plus rarement:

Mr Charles Brown
ou *Charles Brown Esq*

Dans une lettre adressée à l'étranger, le nom du pays du destinataire est ajouté à l'adresse.

Une lettre adressée en Grande-Bretagne indiquera le comté, à moins qu'il ne s'agisse d'une grande ville, et le code postal. Celui-ci se trouvera soit après la ville ou comté soit immédiatement en dessous. Si le code postal est ignoré, le secteur postal ou quartier d'une grande ville sera mentionné.

The lay-out of a French business letter

When writing to a large organization or government department, the letter may be addressed to

Monsieur le Président,
Monsieur le Directeur,
Monsieur le Gérant,
Monsieur le Secrétaire,
Monsieur le Chef du service des ventes, (head of the sales department)
Monsieur le Chef du service des ventes par correspondance, (head of the mail order department)
Monsieur le Chef du Personnel, (staff manager)
Monsieur le Chef du Service, (head of department)
Monsieur le Docteur ...., (doctor)
Maître ...., (lawyer)
Monsieur le Professeur ...., (teacher)
Monsieur le Chef de gare de ...., (stationmaster)

---

* The town is always written in capitals and any hyphens, accents or apostrophes are omitted in order to facilitate their reading by machine. For example St-Cyr-L'école becomes ST CYR LECOLE.

† Unless the country has entered into a postal agreement with France, in which case the registration code (used on cars) is placed in front of the postcode: CH – 2000 NEUCHATEL

3. THE DATE

The address is followed by the date on the right-hand side of the page. It is preceded by the name of the town, e.g.

Paris, le 11 juin 19 ...

The month is written with a small initial letter. The first of the month requires the letters "er," e.g.

Bordeaux, le 1er avril 19 ...

Présentation de la lettre d'affaires anglaise

L'Angleterre adopte de plus en plus la méthode américaine de présentation, c'est-à-dire sans ponctuation dans la suscription.

Messrs White & Brown
345 Lincoln St
CAMBRIDGE 4CA 9SW

Mr J Markeson
Marketing Manager
Knights Ltd
15 Starcross St
LONDON SW1

Ms M Gates
Sales Dept
Roxbourne Ltd
Martin Lane
MITCHAM
Surrey CRO 4SS

Pour être certain qu'une lettre adressée à une entreprise parvienne à une personne en particulier on peut écrire, sous la suscription:

FOR THE ATTENTION OF MISS JEAN WHITEMAN
Attention: Miss Whiteman (Etats-Unis)

3. LA DATE

La date suit l'en-tête, à droite ou à gauche de la page. Aux Etats-Unis d'Amérique, le mois précède le quantième: *July* 24, 19 …

On utilise parfois les abréviations suivantes dans les lettres personnelles et sur les cartes-postales:

En Grande-Bretagne   24.7.19 …

Aux Etats-Unis   7.24.19 …

Le mois anglais prend toujours une majuscule.

4. THE REFERENCE

Many firms, particularly larger ones have, either immediately after the heading or following the address of the recipient, various printed indications for facilitating reference to previous correspondence. There may be a whole reference line, e.g.

V/Référence ....   *V/Lettre du* ....   *N/Référence* ....

This reference line may be followed by a line for stating the subject matter of the letter:

Objet ....

5. THE SALUTATION

The salutation is written on the left-hand side and may take the following forms:

To a company, the name of which comprises or suggests several names (*société, association*, etc) or one without a name (*Banque commerciale*):   *Messieurs,*

To a single name company: *Monsieur,*

To individuals within a company:

Formal: *Monsieur le Directeur,*   *Monsieur le Chef du Personnel,*
           Monsieur,   *Madame,*   *Mademoiselle,*
           Maître, (legal practitioner)   *Docteur,* (doctor)
           Monsieur et cher confrère (colleague),

Informal: *Cher Monsieur,*   *Chère Madame (Mademoiselle),*
           Cher ami(e),   *Cher Pierre,*   *Chère Michelle,*

Very informal: *Très cher (chère) ami(e),*
                  Mon cher Bernard,   *Ma chère Suzanne,*

The use of the terms *Cher Monsieur Durand* or *Cher Durand* is not advised.

4. LA RÉFÉRENCE

Une référence permet de retrouver plus facilement toute correspondance antérieure sur le même sujet. Celle-ci comprend d'habitude les initiales de la personne qui a dicté la lettre, suivies de celles de la dactylographe. Quand on répond à une lettre portant une référence on répète celle-ci sous l'en-tête, à gauche, et l'on donne ensuite sa propre référence:

YOUR REF.   MCT/BDL
OUR REF.   AKT/BN

5. L'APPELLATION

On commence la lettre trois lignes au moins au-dessous de l'adresse proprement dite. Dans une lettre d'affaires, si le nom de la personne est inconnu, on écrira: *Dear Sirs,*. Aux Etats-Unis, ceci est remplacé par *Gentlemen*: les deux-points remplaçant aussi la virgule.

Une lettre adressée à une certaine personne, mais que l'on veut impersonnelle, commencera par:

Dear Sir,   ou   *Dear Madam,*

Lorsque signataire et destinataire s'écrivent depuis un certain temps, ils s'appellent l'un l'autre par leur nom:

Dear Mr. Brown   *Dear Mrs. Jones*   *Dear Miss Smith*

S'ils arrivent à mieux se connaître et que le degré de leur familiarité le permette, ils emploieront alors l'appellation plus personnelle:

Dear John,   *My Dear John,*

Une appellation de plus en plus fréquente maintenant pour les femmes est le préfixe américain *Ms* qui peut tout aussi bien signifier *Mrs* que *Miss*. On utilise ce préfixe lorsque la correspondante elle-même le désire ou si sa signature ne contient pas l'indication de sa situation de famille.

6. THE BODY OF THE LETTER

The first line of a French business letter is usually indented (see example page 206).

Modern French business correspondence tends to discard the elaborate embellishments customary in former times. The style is more informal and precise and examples of how to start and finish letters will be found on pages 16 to 28.

7. THE SUBSCRIPTION

There are numerous ways of finishing a letter in French and its choice depends on whether a first approach is made or it is a routine letter between firms in regular correspondence. Also the writer offering his services or asking a favour will use a more elaborate and polite form than when complaining of negligence or making a simple request, e.g. for a catalogue or price-list.

It should be noted, however, that whatever expression is used in the salutation must be repeated in the subscription:

Salutation: *Monsieur et cher confrère,*
Subscription: Recevez, *Monsieur et cher confrère*, l'assurance ...

Formal letters:

For correspondence with civil servants and persons of high rank:

Veuillez	*agréer*	*Monsieur le Président*	*l'expression de*
Je vous prie d'		*Monsieur le Directeur*	*mes sentiments*
Daignez			*respectueux*
			(dévoués)

With a person of equal rank:

Recevez, Monsieur,	*l'assurance de*	*mes sentiments distingués*
Croyez, Monsieur, à		*mes sentiments les meilleurs*
		mon meilleur souvenir

Croyez, cher Monsieur, à mes sentiments les meilleurs
Recevez, Monsieur, mes bien sincères salutations

6. LE CORPS DE LA LETTRE

La présentation d'une lettre anglaise est illustrée page 205.

L'objet de la lettre se place en dessous de l'appellation et sera souvent souligné:

Your Order No. 534, dated 26.4.19 ...

La première ligne de chaque paragraphe part de la marge, selon la méthode américaine, quoique certaines compagnies retiennent encore la pratique de la première ligne en retrait.

7. FORMULES FINALES

Les formules finales doivent correspondre aux appellations:

Dear Sir(s) (Madam)	*Yours faithfully*
Dear Mr (Mrs, Miss, Ms) Brown	*Yours (very) sincerely*
	Yours truly (un peu démodé aujourd'hui)
Dear Charles (Mary)	*(Very) Best wishes*★
	(Kind) (Kindest) Regards★

Aux Etats-Unis, la formule finale qui correspond au *Yours sincerely* anglais est *Sincerely yours* ou *Cordially yours*

★ Ces dernières peuvent être manuscrites lorsqu'une lettre se veut plus personnelle et amicale. Dans ce cas, le nom de la personne à qui on s'adresse sera lui aussi manuscrit.

The lay-out of a French business letter

From a man to a woman:

Je vous prie d'	agréer, Madame,	l'expression de mes sentiments
	(chère Madame)	respectueux
Veuillez		mes respectueuses salutations
		mes hommages respectueux

From a woman to a man:

| Recevez, Monsieur, | mes salutations distinguées |
| Croyez, Monsieur, à | mes meilleurs souvenirs |

Informal letters:

To a good or long term client and, generally, to anyone with whom friendly relations are maintained:

Tout dévoué(s) à vos ordres	Amicalement vôtre
Sincèrement vôtre	Avec mon meilleur souvenir
Bien à vous	Cordialement (à vous)

Avoid the use of expressions such as

> Dans l'attente de ...   je vous prie d' ...
> Dans l'espoir de ...   veuillez ...

which, although common, are grammatically incorrect. Use instead a whole sentence:

Je reste dans l'attente (l'espoir) de ... et vous prie d' ...
Avec mes (nos) remerciements, je vous prie d' ...

8. THE SIGNATURE

Signatures on behalf of a firm are preceded by the words "Par procuration" or P. pon.

The name of the firm will appear immediately below the text.

The writer's position in the firm or department is typed above the signature. If a letter is signed on behalf of a superior, the superior's position in the company will appear above the writer's:

> CARDIE & Cie
> P/le Président
> le Secrétaire Général,
> (signature)

8. LA SIGNATURE

La lettre d'affaires au nom d'une entreprise est parfois rédigée à la première personne du pluriel. Le signataire fait suivre sa signature de l'indication de son poste dans l'entreprise et/ou du service dont il s'occupe particulièrement:

Yours faithfully

for CHARLES BUTTERWORTH LTD

N S BROWN

Manager – Sales Department

Si la compagnie est une société, la lettre sera signée per pro (p.p).

9. ENCLOSURES

These are indicated on the left bottom corner of the letter preceded by the words: *Annexe(s)* or *Pièce(s) jointe(s)*, which is usually abbreviated *P.J.*

10. THE ENVELOPE

The name and address on the envelope is given in the same form as the inside address at the top of the letter.
The following indications may be added to the address:
Personnel et confidentiel
Urgent
Aux bons soins de ... c/o (Care of ...)
Poste restante (To be called for)
Prière de faire suivre (Please forward)
Echantillons sans valeur (Samples, no value)
Recommandé (Registered)
Imprimés (Printed matter)
Papiers d'affaires (Commercial Papers)
Contre remboursement (Cash on delivery)
   The name and address of the sender should always be included, preferably on the back of the envelope, preceded by the abbreviation *Exp*: (expéditeur).

Une femme indiquera, avant son nom (ou en parenthèses après), sa situation de famille Mrs, Miss, Ms★.

Une signature de la part d'un supérieur sera écrite:

N S Brown

for Marketing Director

★ *Voir page 7 pour l'utilisation du préfixe Ms*

9. PIÈCES JOINTES

On signale que des pièces sont jointes à la lettre au moyen de l'abréviation: (*Enc.* ou *Encs.* Enclosure(s)) en bas, à gauche de la lettre.

10. L'ENVELOPPE

Sur l'enveloppe on reproduit l'adresse complète du destinataire telle qu'elle se trouve dans la lettre. Tout comme en France, le code postal doit être incorporé dans l'adresse après le comté ou la ville, en capitales et sans ponctuation.

Les indications suivantes peuvent figurer sur l'enveloppe:

Printed papers (Imprimés)

Private (Personnel)

Confidential (Confidentiel)

Urgent

Express (Par exprès)

By Airmail (Poste aérienne)

c/o, care of (Aux bons soins de ...)

To be called for (Poste restante)

Please forward (Prière de faire suivre)

Samples (Echantillons)

Sender (Expéditeur)

C.O.D. Cash on delivery (Contre remboursement).

II

The contents of a business letter

Contenu de la lettre d'affaires

11. BEGINNING A LETTER

Without reference to previous correspondence

---

1. We are pleased to inform you that ...
2. We owe your address to ...
3. We should be grateful (obliged) if you would let us know whether ...
4. May we have details of ...
5. We are sending you herewith/under separate cover ...
6. We attach for your information the copy of a letter received today from ...
7. We have received an enquiry for ...
8. We have been informed by ...

In reply to a letter received

---

1. We thank you for your letter of the ... informing us that ...
2. In reply to your letter of the ... concerning ... we are glad to be able to/sorry to have to tell you that ...
3. You kindly enclosed with your letter of the ... particulars of ..., for which we thank you.
4. Your letter of the ... crossed ours of the same date.
5. We are sorry/surprised to learn from your letter of the ... that ...
6. We must apologize for the delay in replying to your letter of the ...
7. We acknowledge receipt of your letter of the ... and have much pleasure in replying to your various questions as follows:
8. In reply to your letter/enquiry of the ..., we wish to inform you that ...

11. LE DÉBUT D'UNE LETTRE

Sans rappel de correspondance antérieure

1. Nous avons le plaisir de vous informer que ...
2. Nous sommes redevables de votre adresse à M. ...
3. Nous vous serions reconnaissants (obligés) de bien vouloir nous faire savoir si ...
4. Veuillez avoir l'amabilité de nous renseigner sur ...
5. Nous avons l'avantage de vous adresser ci-inclus/sous pli séparé ...
6. Nous vous remettons sous ce pli, à toutes fins utiles, copie d'une lettre de ... qui nous est parvenue aujourd'hui.
7. Nous venons de recevoir une demande de renseignements au sujet de ...
8. Nous avons appris ...

Réponse à une lettre reçue

1. Nous vous remercions de votre lettre du ... par laquelle vous nous informez que ...
2. En réponse à votre lettre du ... au sujet de ..., nous avons le plaisir/nous sommes au regret de vous informer que ...
3. Nous vous remercions de votre lettre du ... et des renseignements sur ... que vous avez bien voulu inclure.
4. Votre lettre du ... s'est croisée avec la nôtre de même date.
5. Nous regrettons/sommes très étonnés d'apprendre par votre lettre du ... que ...
6. Veuillez nous excuser de répondre tardivement à votre lettre du ...
7. Nous avons bien reçu votre lettre du ... et c'est avec grand plaisir que nous répondons à vos diverses questions:
8. En réponse à votre lettre/demande du ..., nous vous informons que ...

Referring to previous correspondence

1. Further to our letter of the ... we wish to inform you that ...
2. We refer to our letter of the ... in which we requested ...
3. On the ... we wrote to you that ...
4. Since writing to you on ... we have ascertained that ...
5. In your letter of the ... you expressed interest in our ...
6. Some time ago you told us that ...
7. Since the receipt of your letter of the ... we have been trying to find out more about the ...
8. It is a long time since we have heard from you about ...

12. THE BODY OF A LETTER
(Beginning of sentences and paragraphs)

Informing

1. In reply to your enquiry we have been told by ... that ...
2. We would point out that ...
3. For your information we would add that ...
4. As we informed you yesterday/by our letter dated ...
5. According to information received from ...
6. We need hardly say that ...
7. We hear on good authority that ...
8. As far as we know ...
9. It appears that ...
10. Please note that ...
11. We would mention, however, that ...
12. As you will see from the enclosed copy ...

Contenu de la lettre d'affaires

Rappel d'une lettre antérieure

1. Comme suite à notre lettre du ..., nous désirons vous informer que ...
2. Nous nous référons à notre lettre du ... dans laquelle nous vous demandions ...
3. Par notre lettre du ..., nous vous informions que ...
4. Depuis notre lettre du ..., nous avons appris de bonne source que ...
5. Par votre lettre du ... vous nous avez communiqué votre intérêt pour notre/nos ...
6. Il y a quelque temps vous nous avez écrit que ...
7. Depuis votre lettre du ..., nous nous sommes efforcés d'obtenir de plus amples détails concernant ...
8. Depuis déjà un certain temps, nous restons sans nouvelles de votre maison au sujet de ...

12. LE CORPS D'UNE LETTRE
(Débuts de phrases et de paragraphes)

Informations

1. En réponse à votre demande de renseignements, nous avons appris par ... que ...
2. Nous nous permettons de vous signaler que ...
3. A titre d'information, nous ajouterions que ...
4. Comme nous vous en avons avisés hier/par notre lettre du ...
5. D'après les renseignements qui nous sont parvenus de ...
6. Il va sans dire que ...
7. Nous avons appris de bonne source que ...
8. Autant que nous sachions ...
9. Il nous semble que ...
10. Veuillez noter que ...
11. Cependant, nous vous ferons remarquer que ...
12. Comme vous le verrez par la copie ci-jointe ...

The contents of a business letter

Requesting

1. Would you please call us on receipt of this letter to let us know if ...
2. Would you kindly let us know by return of post whether ...
3. We should be grateful if you would do your utmost to ...
4. Under the circumstances it is essential that ...
5. Will you please let us have for our information ...

Regretting

1. We note with regret that ...
2. We were very sorry indeed to learn from your letter of the ... that ...
3. We are sorry to tell you that ...
4. We are sorry not to be able to give you the information requested.
5. We are very sorry not to be able to give you a definite reply on the above matter.
6. We are very sorry that we cannot take advantage of your offer/accept your proposal.
7. We are sorry for the inconvenience this may have caused you.
8. Please accept our apologies.

Confirmation

1. As requested/agreed we are sending you ...
2. We thank you for sending us ...
3. We confirm our telegram of this morning as per the enclosed copy.
4. We note with interest the suggestion contained in your letter of ...
5. We note your remarks concerning ...

Contenu de la lettre d'affaires

Demandes d'information

1. Veuillez nous téléphoner au reçu de cette lettre si ...
2. Veuillez nous dire par retour du courrier si ...
3. Nous vous serions reconnaissants de bien vouloir faire de votre mieux pour ...
4. Dans ces circonstances, il est indispensable que ...
5. A titre d'information, veuillez avoir l'obligeance de nous faire parvenir ...

Regrets

1. Nous constatons avec regret que ...
2. Nous avons été désolés d'apprendre par votre lettre du ... que ...
3. Nous sommes au regret de vous faire savoir que ...
4. A notre grand regret, nous ne sommes pas à même de vous donner les renseignements demandés.
5. Nous regrettons de ne pouvoir vous donner une réponse précise sur l'affaire mentionnée ci-dessus.
6. Nous regrettons vivement de ne pouvoir profiter de votre offre/accéder à votre proposition.
7. Veuillez nous excuser des ennuis que nous avons pu vous occasionner.
8. Nous vous prions de bien vouloir accepter nos excuses.

Confirmation

1. Conformément à vos instructions/ Comme convenu, nous vous envoyons ...
2. Nous vous remercions d'avoir bien voulu nous faire parvenir ...
3. Nous vous confirmons notre télégramme de ce matin par la copie ci-jointe:
4. Nous avons noté avec intérêt la suggestion contenue dans votre lettre du ...
5. Nous prenons bonne note de vos observations au sujet de ...

6. We should be glad to have your confirmation that ...
7. We acknowledge receipt of your telegram of today's date, which reads as follows:

Reminder

1. According to previous correspondence, we had agreed that ...
2. We remind you that we have not had a reply yet to our question/ proposal ...
3. We take the liberty of reminding you/We are sorry to have to remind you of our/that ...
4. As you will no doubt remember ...

Miscellaneous

1. As to the question of/As regards ... I agree with you that ...
2. We understand/have been informed that ...
3. In these circumstances ...
4. As you are no doubt aware ...
5. We are quite willing to/convinced that ...
6. In view of these facts ...
7. Unless we hear from you to the contrary ...
8. Furthermore/On the other hand ...
9. On further consideration ...
10. For order's sake ...
11. It follows therefore ...
12. If we are not mistaken ...
13. According to our records/the information we have ...
14. We wish to add ...
15. As mentioned above ...
16. We quite understand that ...
17. In our opinion ...
18. We enclose ...
19. Under separate cover ...

6. Nous vous saurions gré de nous confirmer que ...
7. Nous accusons réception de votre télégramme de ce jour libellé comme suit:

Rappel

1. D'après nos correspondances antérieures, il avait été convenu que ...
2. Nous attirons votre attention sur le fait que nous n'avons pas encore reçu de réponse à notre question/proposition ...
3. Nous nous permettons/Nous sommes au regret/de vous rappeler notre/que ...
4. Sans doute vous souviendrez-vous ...

Divers

1. En ce qui concerne/Au sujet de ..., je suis de votre avis que ...
2. Nous croyons savoir/avons appris que ...
3. Dans ces circonstances, ...
4. Comme vous le savez sans doute, ...
5. Nous sommes tout disposés à/persuadés que ...
6. Compte tenu de ces faits, ...
7. Sauf avis contraire de votre part, ...
8. En outre/D'autre part ...
9. Toute réflexion faite, ...
10. Pour la bonne règle, ...
11. En conséquence, ...
12. Sauf erreur de notre part, ...
13. D'après nos archives/les renseignements que nous possédons ...
14. Permettez-nous d'ajouter que ...
15. Comme indiqué ci-dessus, ...
16. Nous comprenons fort bien que ...
17. A notre avis, ...
18. Vous trouverez ci-inclus ...
19. Sous pli séparé, ...

20. For your information ...
21. According to your request ...
22. Certified true.

13. ENDING A LETTER

Asking for a reply

1. Would you please let us have your reply as soon as possible.
2. We look forward to your reply by return.
3. Kindly acknowledge receipt/keep us informed.

Promising a reply

1. You will hear from us as soon as possible about the matter.
2. We shall give you further details tomorrow.
3. As soon as we are able to say anything definite,/give you further information, we will write you again.

Requests

1. We should be grateful for any further information you may be able to give us about ...
2. Please let us have more detailed information ...
3. We should be glad to have this information, to enable us to complete our records.
4. Kindly give the matter your prompt attention.
5. Please let me know urgently whether it is possible for you to ...
6. Please be so kind as to telex your agreement.

20. A titre d'information, ...
21. Selon votre demande, ...
22. Certifié conforme.

13. LA FIN D'UNE LETTRE

Demande de réponse

1. Nous vous prions de bien vouloir nous répondre au plus tôt.
2. Nous restons dans l'attente de votre réponse par retour du courrier ...
3. Ayez l'obligeance de bien vouloir nous accuser réception de la présente/nous tenir au courant.

Promesse de réponse

1. Nous vous tiendrons au courant dès que possible à ce sujet.
2. Nous vous enverrons des renseignements plus détaillés demain.
3. Nous vous écrirons de nouveau dès que nous pourrons vous donner une réponse précise/des renseignements complémentaires.

Demandes

1. Nous vous serions reconnaissants de bien vouloir nous donner des renseignements complémentaires sur ...
2. Veuillez nous fournir des renseignements plus détaillés.
3. Nous serons heureux de recevoir cette information, qui nous permettra de mettre à jour notre propre documentation.
4. Veuillez faire le nécessaire à ce sujet sans tarder.
5. Veuillez me faire savoir d'urgence s'il vous est possible de ...
6. Nous vous prions de bien vouloir nous télexer votre accord.

Expressing thanks, hope, promise, regret

1. Please accept our thanks in advance./Thanking you in advance,
2. Thank you in anticipation for your kindness/for any information you may be able to give us.
3. We hope/Hoping that our offer will interest you, ...
4. We trust that we shall be able to find a favourable solution.
5. You may rest assured that we shall do everything possible to ...
6. We shall be pleased to assist you in every way we can.
7. We regret not being able to assist you for the time being.
8. Please accept our most sincere apologies.

14. THE PERSONAL TOUCH

Thanks

1. It was a great pleasure to have met you and I thank you again for your kind and friendly reception.
2. I wish to express my most sincere thanks for all your kindness.
3. I am most grateful to you for/for having kindly ...

Greetings

1. With kindest regards,
2. With best wishes,
3. With all good wishes,
4. Kind regards to ...
5. ... sends her kindest regards.

Remerciements, espoir, promesse, regrets

---

1. Nous vous en remercions d'avance./Avec nos remerciements anticipés,
2. Nous vous remercions d'avance de votre obligeance/pour tout renseignement que vous pourriez nous donner.
3. Nous espérons/Nous restons dans l'espoir que notre offre vous intéressera, ...
4. Nous espérons pouvoir résoudre la question d'une manière satisfaisante.
5. Soyez assurés que nous ferons de notre mieux pour ...
6. Nous serons heureux de vous être utiles de quelque manière que ce soit.
7. Nous regrettons de ne pouvoir vous rendre service pour le moment.
8. Veuillez agréer, Monsieur, avec toutes nos excuses, l'assurance de ...

14. LES RAPPORTS PERSONNELS

Remerciements

---

1. Je suis enchanté d'avoir fait votre connaissance et je vous remercie encore de votre aimable et bienveillant accueil.
2. Veuillez accepter mes plus sincères remerciements pour votre amabilité.
3. Je vous suis vivement reconnaissant de/d'avoir bien voulu ...

Salutations

---

1. Avec mon meilleur souvenir,
2. Avec mes/nos meilleurs souhaits,
3. Avec tous mes/nos meilleurs voeux de bonheur,
4. Mes compliments à ...
5. ... vous adresse ses meilleur(e)s amitiés/souvenirs.

The contents of a business letter

Wishes and congratulations

---

1. I hope you are all well and that I shall have the pleasure of seeing you again shortly.
2. I hope you are better and I wish you a speedy recovery.
3. We were glad to have news of ... and to hear that he is making good progress. Please convey our best wishes and kindest regards to him.
4. Please accept our sincere good wishes for Christmas and the New Year.
5. Our best wishes for a successful conference.
6. It is with great pleasure that we send our congratulations and best wishes on the occasion of your ...
7. We send our warmest congratulations on your Silver/Golden Jubilee and look forward to continuing our happy association.

Condolence

---

1. We have learned with deep regret the sad news of the death of your ..., Mr. ... . Please accept our sincere sympathy for the great loss you have sustained.
2. I was deeply grieved to hear of the sudden death of your ..., Mr. ..., and I want to express my heart-felt sympathy. Please convey my sympathy also to the family.

Souhaits et félicitations

1. J'espère que vous allez tous bien et que j'aurai bientôt le plaisir de vous revoir.
2. J'espère que vous allez mieux et vous souhaite une prompte guérison.
3. Nous sommes heureux d'avoir eu des nouvelles de ... et de savoir que sa santé continue à s'améliorer. Veuillez lui transmettre nos meilleurs souhaits et nos sincères amitiés.
4. Nous vous adressons nos meilleurs voeux pour un joyeux Noël et une heureuse nouvelle année.
5. Nos meilleurs souhaits pour le succès de la conférence.
6. Nous sommes très heureux de vous adresser toutes nos félicitations et nos meilleurs voeux à l'occasion de votre ...
7. Nous vous adressons nos chaleureuses félicitations à l'occasion du vingt-cinquième/cinquantième anniversaire de la fondation de votre maison, et nous espérons continuer nos bonnes relations avec vous.

Condoléances

1. C'est avec le plus profond regret que nous avons appris le décès de votre ..., Monsieur ... Nous vous prions de recevoir nos sincères condoléances et l'expression de notre sympathie pour la perte cruelle qui vient de vous frapper.
2. Je suis navré d'apprendre que votre ..., Monsieur ..., est subitement décédé. Je vous adresse mes condoléances et vous prie de transmettre mes sentiments de profonde sympathie à sa famille.

15. SHORT ROUTINE COMMUNICATIONS

Confirmation

1. We enclose a copy of the telegram which was sent to you this morning.
2. We have today received your cable of the ... and are very grateful for your prompt attention to this matter.
3. As requested we are sending you our latest catalogue/price list.
4. Your enquiry is having our immediate attention and we hope to make you an acceptable offer in a few days' time.
5. We thank you for your letter of the ... ordering ... delivery to be made in ... weeks from now and enclose our official confirmation.

Reminder

1. We wish to remind you that we are still awaiting your reply to our letter of the ... regarding the ... . This is now urgently required.
2. We should be grateful if you could let us have your answer to our letter of the ... concerning ... as soon as possible.
3. I wonder if you could now give me some definite/further information?
4. As the information requested in our letter of the ... is now urgently required your early reply will be greatly appreciated.
5. We received your letter of the ... in which you unfortunately omitted to send/enclose your catalogue/price list.

15. COURTES PHRASES ROUTINIÈRES

Confirmation

1. Veuillez trouver ci-joint copie de notre télégramme de ce matin.
2. Nous avons reçu aujourd'hui votre câblogramme du ... et nous apprécions beaucoup la promptitude avec laquelle vous vous êtes occupé de cette affaire.
3. Selon votre demande, nous vous envoyons sous ce pli notre dernier catalogue/prix-courant.
4. Votre demande fait dès à présent l'objet de nos meilleurs soins. Nous espérons pouvoir vous faire une offre intéressante d'ici quelques jours.
5. Nous vous remercions de votre lettre du ... par laquelle vous nous avez commandé ... pour livraison dans un délai de ... semaines à dater de ce jour. Veuillez trouver ci-joint notre confirmation de commande.

Rappel

1. Nous nous permettons de vous signaler que nous n'avons pas encore reçu de réponse à notre lettre du ... au sujet de ... Veuillez nous la faire parvenir d'urgence.
2. Nous vous serions obligés de bien vouloir nous faire parvenir votre réponse à notre lettre du ... au sujet de ... dans le plus bref délai.
3. Puis-je savoir si vous êtes maintenant à même de me donner des précisions/de plus amples détails?
4. Les renseignements que nous vous avions demandés par notre lettre du ... nous sont maintenant nécessaires de toute urgence. Nous vous serions donc obligés de bien vouloir nous répondre à ce sujet par le plus prochain courrier.
5. Nous accusons réception de votre lettre du ... vous avez malheureusement omis de nous envoyer/d'y joindre votre catalogue/prix-courant.

Apology

---

1. We are sorry that we failed to enclose our catalogue with our letter of the ...
2. We have received your various letters with regard to the above and must apologize for the long delay in dealing with this matter, which is not an easy one. We hope to be able to give you a definite answer soon.
3. We must apologize for not having replied before to your letter on the above, but regret that the matter is still in abeyance. As soon as it has been brought to a satisfactory conclusion, we shall write to you again.

Requests

---

1. We should be glad to have your quotation for the supply of large quantities of ...
2. Please let us know your charges for road transport of ... from ... to ...
3. Referring to your advertisement in today's *Daily Telegraph* we should be glad to receive your catalogue/further particulars about ...
4. We should be very grateful if you could send us a list of manufacturers of ... /your current price-list.
5. With reference to your offer of ... dated ... we should be glad if you could let us have samples in the following sizes/colours/quantities:
6. In reply to your letter of the ... we should be glad if you could call at this office on the ... at ...

Offers

---

1. We thank you for your enquiry of the ... We can supply immediately ... at ... per metre/kilo/litre.

Excuses

1. Nous vous prions de nous excuser d'avoir omis d'avoir omis de joindre notre catalogue à notre lettre du ...
2. Nous avons bien reçu vos lettres concernant l'affaire ci-dessus mentionnée. Nous vous prions de nous excuser d'avoir tant tardé à la régler, mais cela n'était pas chose facile. Nous pensons pouvoir vous donner une réponse précise sous peu.
3. Nous vous prions de nous excuser de ne pas avoir répondu plus tôt à votre lettre sur l'affaire susmentionnée, mais nous regrettons de vous informer qu'elle est encore en suspens. Dès que nous serons en mesure de la mener à bien, nous vous écrirons de nouveau.

Demandes

1. Veuillez avoir l'obligeance de nous faire connaître vos prix courants pour la fourniture de quantités importantes de ...
2. Veuillez nous indiquer votre devis pour le transport sur route de ..., de ... à ...
3. En nous référant à votre annonce parue aujourd'hui dans *Le Monde*, nous vous serions obligés de bien vouloir nous envoyer votre catalogue/des renseignements plus détaillés sur ...
4. Nous vous serions reconnaissants de bien vouloir nous envoyer une liste de fabricants de .../votre prix-courant.
5. Nous référant à votre offre de ... datée le ..., nous vous saurions gré de bien vouloir nous faire parvenir vos échantillons dans les tailles (formats)/coloris/quantités suivant(e)s:
6. En réponse à votre lettre du ..., nous vous prions de bien vouloir passer à notre bureau le ..., à ... heures.

Offres

1. Ainsi qu'il vous a plu de nous le demander par votre lettre du ... nous pouvons vous livrer immédiatement ... au prix de ... le mètre/kilo/litre.

2. With reference to your telephone enquiry of this afternoon, we can offer you the following at the prices stated:

Orders

1. We thank you for your offer of the ... and should be glad if you would ship by next boat f.o.b. ... . Payment will be made against documents.
2. Order No. ... Date ...
   Please supply ...
   Delivery: ...
   Terms: C.O.D.

Rejecting an offer

1. We regret to be unable to accept the kind offer you made us in your letter of the ... We shall, however, bear it in mind.
2. Thank you for your quotation for the supply of ..., but, as your prices are higher than those previously paid, I regret not being able to give you an immediate order.
3. We appreciate your offer of a reduced price, but feel that the goods would not be suitable for this market.

2. Comme suite à votre appel téléphonique de cet après-midi, nous sommes à même de vous offrir les marchandises suivantes aux prix indiqués:

Commandes

1. Nous vous remercions de votre offre du ... Veuillez nous expédier par le premier navire disponible F.à.B. les marchandises suivantes: ... Paiement contre remise des documents d'expédition.
2. Commande No. ... Date: ...
   Veuillez fournir ...
   Délai de livraison: ...
   Conditions: Contre remboursement.

Refus d'une offre

1. Nous regrettons de ne pouvoir accepter l'offre que vous avez bien voulu nous faire par votre lettre du ... Nous ne la perdrons toutefois pas de vue.
2. Nous vous remercions de votre offre de ... au tarif indiqué, vos prix étant malheureusement plus élevés que ceux que nous avons payés précédemment nous regrettons ne pas pouvoir vous passer une commande immédiate.
3. Nous vous sommes reconnaissants d'avoir bien voulu nous offrir vos marchandises à un prix réduit, mais il nous semble qu'elles ne correspondent pas aux besoins de ce marché.

III

Business organization

L'organisation commerciale

16. ESTABLISHMENT AND EXTENSION OF BUSINESS

Opening announcement

We have great pleasure in informing you that

we have	opened	an agency for the sale/purchase of ...
	formed	a limited company under the name of ...
	established	an exchange and commission business
		a ... manufacturing works.

we have	amalgamated our business with that of ...
	transferred our business to ...
	opened a branch at ...
	considerably extended our premises.
	been entrusted with the marketing of ... in this area.

Services offered

1. Our lines are mainly .../We can offer a large variety of ...
2. We are able now to execute from stock the largest orders.
   to supply any quantity of our goods without delay.
3. We have a large quantity of ... in stock.
4. At our premises we have on show the complete range of our ...
5. We are able to quote you very advantageous terms.
6. Our agreements with leading manufacturers enable us to supply you at most attractive prices.
7. We should be pleased to send one of our representatives.
   to let you have samples/patterns of our ...
   to give a demonstration at your premises.

16. FONDATION ET AGRANDISSEMENT D'UNE MAISON DE COMMERCE

Le début de la lettre

Nous avons le grand plaisir de vous informer que

nous venons d'ouvrir	une agence pour la vente/l'achat de ...
de fonder	une société anonyme sous la raison
d'établir	sociale de ...
	une maison de commission et de change
	une fabrique de ...

notre société et la maison ... ont maintenant fusionné.
nos bureaux ont été tranférés à l'adresse suivante:
nous avons ouvert une succursale à ...
nos locaux ont été considérablement agrandis.
nous avons été chargés de la vente de ... dans cette région.

Offres de services

1. Nos spécialités sont surtout: .../Nous pouvons offrir un grand choix de ...
2. Nous sommes main-tenant en mesure d'exécuter les commandes les plus importantes.
   de vous fournir rapidement toute quantité voulue de nos marchandises.
3. Nous avons de grandes quantités de ... en magasin.
4. Nous avons dans nos locaux une exposition permanente de tous nos ...
5. Nous sommes à même de vous faire des prix très avantageux.
6. Nos accords avec les principaux fabricants nous permettent de vous fournir nos marchandises à des prix très intéressants.
7. Nous nous ferons un plaisir de vous envoyer un de nos représentants.
   vous adresser des échantillons.
   vous donner une démonstration pratique sur place.

8. We can assure you that all your orders will receive our immediate and most careful attention.

Experience and references

1. I have been in this line of business for many years.
2. I have been for many years connected with Messrs. ... and been in charge of their export department for ... years.
3. The business/branch will be under the (expert) management of Mr. ... who has been for many years with Messrs. ... in charge of their sales department.
4. References may be taken up with the following who have kindly agreed to give any information you may require.

17. ENGAGEMENT OF STAFF

Request to attend for interview

1. We have received your application for the post of ... and hope that it will be convenient for you to call at these offices on ... at ...
2. We should be glad if you would telephone this office to arrange a mutually convenient time for you to call.

Confirmation

Thank you for your letter of ... I shall be pleased to attend for an interview as requested on ... next at ... o'clock.

8. Soyez assurés que vos commandes seront toujours exécutées rapidement et avec le plus grand soin.

Expériences et références commerciales

1. Je m'occupe de ce genre de commerce depuis nombre d'années.
2. Je travaille depuis bien des années pour la maison ... où je dirige le service d'exportation depuis ... ans.
3. La direction de la maison/succursale a été confiée à M. ... (d'une compétence éprouvée) qui a travaillé maintes années pour la maison ... où il dirige le service des ventes.
4. Nous avons le plaisir de vous citer comme références commerciales les maisons suivantes qui vous donneront très volontiers tous renseignements requis.

17. L'ENGAGEMENT DU PERSONNEL

Réponse fixant l'entrevue sollicitée

1. Nous avons bien reçu votre demande d'emploi en qualité de ... Vous serait-il possible de passer nous voir à nos bureaux le ... à ... heures?
2. Nous vous serions obligés de bien vouloir nous téléphoner afin de convenir d'un rendez-vous.

Confirmation

Je vous remercie de votre lettre du ... Selon votre demande, je serai heureux d'avoir une entrevue/un entretien avec vous ... prochain le ..., à ... heures.

Offering the appointment

1. I have submitted your application to the Board of Directors and am glad to say that they have agreed to offer you the post/ engage you as ...
2. Initially your salary would be ... per week/month, but if you give satisfaction it would rise by annual/half-yearly increments of ... to a maximum of ...
3. Our office hours are, Monday to Friday from 9 a.m. to 5 p.m., with one hour for lunch.
4. After six months' service you will be entitled to a fortnight's annual holiday, to be increased to three weeks after five years.
5. We should be glad if you would let us know whether you wish to accept the appointment on these terms and commence work on Monday the ... at 9 a.m.
6. We agree with your suggestions and are prepared to appoint you as our representative for ...

Accepting the appointment

1. Thank you for your letter of ... I have much pleasure in confirming that I accept the appointment you offer me as ... in your company in accordance with the terms specified in your letter.
2. I am pleased to confirm that I shall take up my duties, as requested, on Monday, the ... at 9 a.m.
3. May I thank you for the confidence you have placed in me which I shall seek at all times to justify.

18. ADVERTISING AND PUBLICITY

Asking advice

1. We wish to appoint representatives in the most important towns in your country and intend to advertise in several newspapers. We should be most grateful for your advice as to which papers

Offre d'emploi

1. J'ai soumis votre demande d'emploi au conseil d'administration et j'ai le plaisir de vous informer de sa décision de vous offrir la situation/engager en qualité de ...
2. Votre salaire initial serait de ... par semaine/mois. Toutefois, si vous nous donniez satisfaction, il serait relevé chaque année/tous les six mois de ... jusqu'à ce qu'il atteigne ...
3. Les heures de travail dans nos bureaux sont de neuf heures à dix-sept heures, avec une heure pour le déjeuner.
4. Après six mois de service, vous aurez droit à deux semaines de congé par an, et à trois semaines après cinq ans de service.
5. Veuillez nous confirmer votre acceptation de notre offre d'emploi aux conditions indiquées, et vous présenter pour commencer votre travail lundi matin le ..., à neuf heures.
6. Vos propositions nous conviennent et nous sommes tout disposés à vous nommer notre représentant pour ...

Acceptation de l'emploi

1. Je vous remercie de votre lettre du ... Je suis très heureux/euse de vous confirmer mon acceptation de votre offre d'emploi dans votre entreprise en qualité de ... dans les conditions indiquées dans votre lettre.
2. J'ai le plaisir de vous confirmer mon entrée en fonctions, conformément à vos instructions, lundi matin le ..., à neuf heures.
3. Je vous remercie beaucoup de votre confiance que je m'efforcerai en toutes circonstances de justifier.

18. RÉCLAME ET PUBLICITÉ

Demande de conseil

1. Nous voudrions établir des représentants dans les plus grandes villes de votre pays et aurions l'intention d'insérer des annonces dans plusieurs journaux. Nous vous serions très recon-

would be most suitable for this purpose. We should also like to know whether it is more advisable to send the advertisements directly to the papers concerned or through an advertising agency.

2. Our advertising appropriation would enable us to spend ... in your country. Do you think this amount would allow us to book air time on your commercial television stations or would you advise us to limit our advertising to bill posting and press advertising?

3. Do you consider the ... the right paper/review for advertising our ... ?

4. We should be glad to have your advice on the enclosed rough lay-outs.

Giving advice

1. We agree that it will be best to insert advertisements in the leading newspapers of our most important towns and we add a list of the most suitable ones together with their charges. We should be glad to receive the text of these advertisements which, if necessary, we could translate for you.

2. An attractive idea, visually appealing.

3. A too ordinary advertisement which would not stand out in competitive advertising.

Instructions

1. We should like the enclosed advertisement inserted ... times in double column.

2. Please submit proofs/prepare a dummy/suggest a lay-out/submit addresses for our mailing list.

3. We want to show your ... in a special window display and should be glad if you would send us notices and other suitable advertising material.

naissants de bien vouloir nous recommander les journaux les mieux indiqués. Veuillez aussi nous dire si, à votre avis, nous ferions mieux d'envoyer nos annonces directement aux journaux choisis ou par l'entremise d'une agence de publicité?

2. Notre budget de publicité nous permettrait de dépenser ... dans votre pays. Cette somme nous donnerait-elle la possibilité d'utiliser vos chaînes d'émissions publicitaires à la télévision ou pensez-vous que nous devrions nous borner à l'affichage et aux petites annonces?

3. Pensez-vous que "..." soit le journal/la revue qu'il nous faut pour annoncer nos ...?

4. Nous vous saurions gré de bien vouloir nous donner votre avis sur les ébauches de nos annonces ci-jointes.

Conseils donnés

1. Nous pensons comme vous que le mieux serait de mettre des annonces dans les principaux journaux de nos plus grandes villes. Nous joignons donc une liste de ceux que nous jugeons de circonstance ainsi que leur tarif. Nous serons heureux de recevoir le texte de ces annonces que nous pourrions éventuellement traduire pour vous.

2. C'est une idée fort intéressante qui retiendrait l'attention.

3. Une annonce bien ordinaire qui ne se distinguerait pas de la publicité concurrente.

Instructions

1. Nous désirons que l'annonce ci-jointe soit insérée ... fois sur double colonne.

2. Veuillez nous soumettre des épreuves/préparer une maquette/suggérer une présentation/fournir une liste d'adresses pour notre fichier.

3. Nous voudrions exposer votre/vos ... en un étalage spécial. Veuillez donc nous envoyer des pancartes et autre matériel de publicité approprié.

4. We have instructed our advertising department to dispatch ... posters and should be glad if you would arrange bill-posting at suitable sites.
5. Please submit a rough for an illustration to show what the product does/in an imaginative, amusing way/simple in concept and execution, straightforward and devoid of any tricks or gimmicks.

19. CALL OF REPRESENTATIVES

Announcing a visit

1. Our representative, Mr ..., will visit your town next week.
2. He proposes to call upon you on ... at ..., if this is convenient to you.
3. He will have with him a complete range of our latest products.
4. He will be able to show you/to demonstrate to you our new model ...
5. All orders you may give him will receive our immediate and careful attention.

Request for representative to call

1. We are considering the purchase/the installation of ...
2. We are interested in your offer of ...
3. I should be glad if you could arrange for one of your representatives to call (to give a demonstration) on ... at ... o'clock/at a mutually convenient day and time.
4. Perhaps you will be good enough to inform us by telephone of the time your representative proposes to call.

Confirming visit

1. We thank you for your letter of ... requesting our representative to visit you.

4. Nous avons demandé à notre service de publicité de vous envoyer ... affiches et nous vous prions de bien vouloir vous charger de leur affichage à de bons emplacements.

5. Veuillez nous soumettre un projet d'illustration qui montrera l'utilisation du produit/d'une manière imaginative et plutôt amusante/d'une conception simple et facile à réaliser sans astuces ni artifices.

19. VISITE D'UN REPRÉSENTANT

Visite annoncée

1. Notre représentant, M. ..., visitera votre ville la semaine prochaine.

2. Il a l'intention de passer vous voir le ... à ..., si cela vous convient/ne vous dérange pas.

3. Il aura un assortiment complet de nos tout derniers produits.

4. Il sera enchanté de vous montrer/donner une démonstration pratique de notre dernier modèle.

5. Toutes les commandes que vous lui remettrez feront l'objet de notre attention immédiate et de nos meilleurs soins.

Visite demandée

1. Nous envisageons l'achat/l'installation de ...

2. Votre offre de ... nous intéresse.

3. Je vous serais obligé de bien vouloir demander à l'un de vos représentants de venir nous voir (donner une démonstration pratique) le ... à ... heures/sur rendez-vous.

4. Veuillez nous faire savoir par téléphone à quelle heure votre représentant viendrait nous voir.

Visite confirmée

1. Nous vous remercions de votre lettre du ... par laquelle vous nous demandez de vous envoyer notre représentant.

2. I am happy to tell you that Mr. ... will be calling on you on ... next, January 15th at ... a.m.
3. Our representative will be in ... on ... and will telephone you for an appointment.

Request for representative not to call

1. We regret that we are unable to see your representative on .../ take advantage of your kind offer.
2. A considerable stock was left on our hands from your last consignment and we have little demand for those sorts of goods at present.
3. We shall, however, keep your offer in mind and let you know if we are able to take advantage of it.
4. Owing to illness/unforeseen circumstances, our representative will not be able to call on you as arranged on ... . We shall contact you again as soon as possible.

20. AGENCIES

Offer to act as an agent

1. I understand from ... that you wish to have an agent in this market.
2. I am writing to enquire whether you are interested in buying in this country large quantities of ...
3. I saw your ... at the ... Exhibition and should like to have the agency for ...
4. I wish to offer you my services for the purchases/sale of ... in this area/country.
5. I have had over ... years experience in this business.
6. I am the agent for ... in this town and wish to represent another firm.
7. I am well acquainted with local conditions and have excellent business connections.

2. J'ai le plaisir de vous informer que M. ... vous rendra visite ... prochain, le 15 janvier à ... heures.
3. Notre représentant sera de passage à ... le ... et vous téléphonera pour prendre rendez-vous.

Visite inopportune

1. Nous regrettons de vous faire savoir qu'il ne nous sera pas possible de recevoir votre représentant le .../de profiter de votre offre aimable.
2. Malheureusement, une très grande partie de votre récente expédition nous reste en magasin et nous n'avons pour l'instant que peu de demandes pour ce genre d'articles.
3. Nous n'oublierons pourtant pas votre offre aimable et ne manquerons pas d'en profiter le moment venu.
4. Par suite de maladie/de circonstances imprévues, notre représentant ne pourra passer vous voir, comme convenu, le ... . Nous reprendrons contact avec vous le plus tôt possible.

20. AGENCES

Offre de représentation

1. J'ai appris par ... que vous voudriez avoir un représentant sur ce marché.
2. Je viens vous demander si vous seriez disposé à acheter de grandes quantités de ... en ...
3. J'ai vu votre ... à l'exposition de ... et je serais content de m'occuper de son placement en ...
4. J'ai l'honneur de vous offrir mes services pour l'achat/la vente de ... dans cette région/en ...
5. J'ai plus de ... années d'expérience dans ce genre d'affaires.
6. Je représente ... dans cette ville et désirerais avoir la représentation d'une autre maison.
7. Je suis très familier avec le marché dans cette région où j'ai déjà une excellente clientèle.

8. My premises would allow me to stock a good selection of your goods.
9. Messrs. ... of ... can give you any information you desire about me.
10. My usual terms are a commission of ...%.
11. In view of my experience and extensive business connections, I hope you will appoint me your sole agent for the territory.

Replies

1. We thank you for your letter offering your services and should like to discuss the possibility of an agency with you.
2. Please let us have particulars of your experience as well as some references.
3. We are seeking a reliable representative who would undertake to buy for us on commission.
4. What commission would you expect for regular purchases?
5. We should be glad to know on what terms you would be willing to represent us as well as those upon which business is generally conducted in your country.
6. Will you please let us know what goods are suitable for the market.
7. Although we cannot accept your offer at present, we shall bear it in mind.
8. We herewith appoint you as our agent at the terms mentioned in your letter of the ...

21. BUSINESS ON COMMISSION

Instructions to sell

1. The steamer "...", which we expect to arrive at ..., has a consignment of ... for us on board.

8. Mes locaux me permettent d'avoir un grand choix de vos marchandises en magasin.
9. MM. ... se feront un plaisir de vous donner tous renseignements désirés sur mon compte.
10. Mes conditions habituelles sont une commission de ...% sur les ventes.
11. En raison de mon expérience et de mes amples relations d'affaires, j'ose espérer que vous voudrez bien me nommer votre agent exclusif pour cette région.

Réponses

1. Nous vous sommes très reconnaissants d'avoir bien voulu nous proposer vos services et voudrions discuter avec vous la possibilité de vous confier la représentation de notre maison.
2. Veuillez avoir l'obligeance de nous renseigner plus en détail sur votre expérience et de nous donner quelques références.
3. Nous recherchons un représentant de toute confiance qui se chargerait d'acheter pour nous à la commission.
4. Quelle commission prendriez-vous sur des achats réguliers?
5. Nous désirerions savoir à quelles conditions vous accepteriez de représenter notre maison ainsi que les conditions selon lesquelles se conduisent généralement les affaires dans votre pays.
6. Veuillez nous faire savoir le genre de marchandises qui seraient les plus appropriées à votre marché.
7. Quoique nous ne soyons pas actuellement en mesure d'accepter votre proposition, nous ne la perdrons pas de vue.
8. Par la présente nous vous agréons comme notre agent aux conditions mentionnées dans votre lettre du ...

21. AFFAIRES À LA COMMISSION

Instructions pour la vente

1. Le vapeur «...», attendu à ..., a un chargement de ... pour nous à bord.

2. The following goods, warehoused at ..., have been put at our disposal/have been offered to us.
3. We should be glad if you would take delivery of the goods on our behalf and sell them to the best advantage.
4. The necessary documents are enclosed/will follow shortly.
5. Will you please put the goods up for auction if you cannot sell them privately.
6. Kindly insure the goods against all risks.
7. We should be glad if you would let us have a rough estimate for this consignment. We will then give you definite instructions for the sale.

Instructions to buy

1. We should be glad if you would inspect the goods and, if they are in (tolerably) sound condition, purchase them for us.
2. We should be glad if you would purchase for us ... at a maximum price of ...
3. We should be glad if you could attend the auction of ... taking place on the ... at ... o'clock and try to obtain the goods for us at not more than ...
4. If required, we shall wire you an appropriate amount.

Instructions carried out

1. The goods were sold/auctioned in accordance with your instructions.
2. We enclose a statement of your account and a cheque for the amount due to you.
3. After deducting our commission and expenses, there remains a balance in your favour of ... which has been placed to your credit at the ... Bank.

2. Les marchandises détaillées ci-après, qui sont en entrepôt à ...,
   ont été mises à notre disposition/nous ont été offertes.

3. Nous vous saurions gré de bien vouloir prendre livraison des
   marchandises pour notre compte et de les vendre aux
   meilleures conditions.

4. Les documents d'expédition nécessaires sont annexés/suivront
   sous peu.

5. Veuillez vendre aux enchères les marchandises que vous ne
   pouvez vendre à l'amiable.

6. Veuillez assurer les marchandises contre tous risques.

7. Ayez l'obligeance de nous soumettre un devis approximatif concernant cette consignation. Nous vous donnerons alors nos
   instructions fermes pour la vente des marchandises.

Instructions pour l'achat

1. Nous vous serions obligés de bien vouloir examiner avec soin les
   marchandises et, si elles sont en (assez) bon état, de les acheter
   pour notre compte.

2. Nous vous serions obligés de bien vouloir acheter en notre
   nom ... au prix maximum de ...

3. Nous vous serions reconnaissants de bien vouloir assister à la
   vente aux enchères des ... qui aura lieu à ... le ... à ... heures,
   et de faire en sorte de nous procurer les marchandises à un prix
   ne dépassant pas ...

4. Nous vous enverrons, si besoin est, la somme appropriée par
   mandat télégraphique.

Instructions remplies

1. Les marchandises ont été vendues/mises aux enchères conformément à vos instructions.

2. Nous vous remettons sous ce pli le relevé de votre compte et
   notre chèque pour le montant qui vous est dû.

3. Déduction faite de notre commission et de nos frais, le solde en
   votre faveur de ... a été porté au crédit de votre compte à la
   banque ...

4. As requested, we give, as follows, our report and valuation of the consignment.
5. ... will suffice as cover and I should be glad if you would let me have the amount before the beginning of the sale.
6. As soon as we had your instructions Mr. ... tried to make the purchase. Unfortunately, he did not succeed as prices were too high. If you wish us to buy at ... I should be glad to have your further instructions.

22. COMPANY BUSINESS

Suggestions

1. The Chairman has asked me to thank you on his behalf for the suggestions you have made which will be discussed at the next board meeting.
2. We are interested in the suggestions you have put forward and intend to raise the matter at our next Directors' meeting.
3. If you are interested in these suggestions I shall be pleased to submit a detailed scheme.

Meetings

1. The Annual General Meeting will be held at ... on ... at ... o'clock.
2. A member entitled to vote may appoint a proxy to vote for him.
3. We have pleasure in sending you the report on the General Meeting which was held on the ... .

Annual Report

1. The net profits this year amount to ... compared with ... last year.
2. The Directors have felt justified in recommending a dividend of ...% on the Preference Shares and ...% on the Ordinary Shares.

4. Suivant votre demande, nous vous présentons ci-dessous notre rapport et notre expertise de cette consignation.
5. Une somme de ... suffira en couverture et je vous serais obligé de bien vouloir me la faire parvenir avant la vente.
6. Au reçu de vos instructions, M. ... a fait de son mieux pour effectuer cet achat. En vain, malheureusement, car les prix étaient trop élevés. Si vous désirez que nous achetions au prix de ..., veuillez m'envoyer vos nouvelles instructions.

22. SOCIÉTÉS COMMERCIALES

Suggestions

1. Notre président m'a prié de vous remercier en son nom de vos recommandations qui seront mises en délibération à la prochaine séance du conseil d'administration.
2. Vos propositions nous ont intéressés et seront soumises à la prochaine réunion de notre comité de direction.
3. Si ces suggestions vous intéressent, je serais très heureux de vous soumettre un projet plus détaillé.

Réunions

1. L'assemblée générale annuelle se tiendra à ... le ... à ... heures.
2. Tout actionnaire ayant droit au vote peut le faire par procuration.
3. Nous avons l'honneur de vous remettre sous ce pli le procès-verbal de l'assemblée générale qui s'est tenue le ...

Rapport de gestion

1. Le bénéfice net pour l'exercice financier s'élève à ..., contre ... pour l'exercice précédent.
2. Les administrateurs de la société ont été fondés à recommander un dividende de ...% sur les actions privilégiées et de ...% sur les actions ordinaires.

3. During the year the demand for ... generally diminished/
   increased.
4. In these circumstances a reduction in dividends seems inevitable.
5. A new subsidiary has been formed to handle the Company's
   export business.
6. The Company are seeking a quotation of their shares at the stock
   exchange.
7. Various projects are under consideration for improving the quality and reducing the costs of our products.

Decisions

1. At the last Board Meeting it was decided to
   pay no interest on Ordinary Shares.
   allocate to you ...% Preference Shares.
   pay a final dividend of ... making with the interim dividend
     already paid a total distribution of ...%.
2. At the Annual General Meeting it was resolved that the capital of
   the Company be increased to ... by the issue of ... new Preference Shares of ... each.

23. NOTIFICATION OF CHANGES IN PARTNERSHIPS, MANAGEMENT, DESIGNATION, ADDRESSES, ETC.

Appointments, partnerships, amalgamations, etc.

1. We have pleasure in   we have taken as partner ...
   announcing that   ... has been elected/appointed ...
                         our business has been amalgamated
                           with ... into a joint-stock Company
                           under the style of ...

3. Au cours de l'exercice financier, la demande de notre/nos ... a eu tendance à diminuer/augmenter.
4. En de telles circonstances, une réduction des dividendes semble inévitable.
5. Une nouvelle filiale a été créée pour s'occuper du commerce d'exportation de notre société.
6. La société s'efforce d'obtenir une cote en bourse pour ses actions.
7. Divers projets sont à l'étude en vue d'améliorer la qualité et d'abaisser les prix de nos produits.

Résolutions

1. A la dernière réunion du Conseil d'administration il a été résolu
   de ne pas payer d'intérêt sur les actions ordinaires.
   de vous répartir des actions de priorité à ...%.
   de payer un solde de dividende de ...% qui, en sus de l'acompte de dividende déjà payé, élèvera le rendement total des actions à ...%.
2. Suivant résolution adoptée à l'Assemblée Générale extraordinaire, il sera procédé à une augmentation du capital social le portant à ..., par l'émission de ... nouvelles actions privilégiées au prix d'émission de ... l'unité.

23. AVIS DE CHANGEMENTS D'ASSOCIATION, DE DIRECTION, DE RAISON SOCIALE, DE DOMICILE, ETC.

Nominations, associations, fusions, etc.

1. Nous avons l'honneur de vous annoncer que	nous nous sommes adjoint, en qualité d'associé, M. ...
	M. ... a été élu/nommé ...
	notre société et la maison ... ont été fusionnées et constituées en société anonyme par actions sous la raison sociale: ...

Mr ... who has been for many years
with Messrs ... has been appointed as
our ... in succession to ... who has
taken up an appointment as ...
2. We regret to inform you that Mr. ... has been compelled to retire
for health reasons/has given up our agency owing to his
appointment as ...
3. We trust that you will give our new firm/company/partnership/
management/agency, the good co-operation we enjoyed in
the past.

Changes owing to death

1. I much regret to inform you of the death of Mr. ...
2. I deeply regret having to inform you of the death of my partner,
Mr. ...
3. The business/partnership is now dissolved.
4. The business will be continued by the remaining partners.
5. We have taken over the assets and liabilities of the old firm.
6. The liabilities of the firm amount to ...
7. A meeting of the creditors will be called very shortly.

Change of address

1. We have today moved/We shall move on Thursday to ...
2. Our showrooms have been transferred to ...
3. We are pleased to be able to inform you that we have today
moved our offices and warehouse to new and larger premises
at the following address:

M. ..., depuis nombre d'années attaché à la maison ..., vient d'être nommé notre ... en remplacement de M. ... qui désormais remplira le poste de ...

2. Nous sommes au regret de vous faire savoir que M. ..., pour raisons de santé, a dû prendre sa retraite/ayant été nommé ..., ne s'occupe plus de notre agence.

3. Nous espérons que vous voudrez bien accorder à notre nouvelle maison/société/association/direction/agence le même appui dont vous avez bien voulu nous favoriser par le passé.

Changements pour cause de décès

1. J'ai le vif regret de vous faire part du décès de M. ...

2. Je regrette profondément de vous faire part du décès de mon associé, M. ...

3. Nous vous informons que notre maison de commerce/association a été dissoute.

4. La maison continuera ses opérations sous la gérance des autres associés.

5. Nous avons pris à notre compte l'actif et le passif de l'ancienne maison.

6. Le passif de la maison se chiffre à ...

7. Une assemblée des créanciers sera convoquée sous peu.

Changement d'adresse

1. Aujourd'hui nous avons transféré nos bureaux/Nous transférerons nos bureaux jeudi prochain à ...

2. Nos salles d'exposition ont été transférées à ...

3. Nous sommes heureux de vous informer qu'aujourd'hui nous avons transféré nos bureaux et magasins dans de nouveaux et plus vastes locaux à l'adresse suivante:

24. FAILURE AND BANKRUPTCY

Notification

1. I regret to have to inform you that in consequence of the losses I have sustained/the failure of our associates/ill-health which has for several years prevented my personal attention to business, I am unable to meet my liabilities/we have been obliged to suspend payment/file our petition.
2. In these circumstances/As I am very anxious to meet my obligations, I can only ask my creditors to grant me time for payment.
3. I have placed my books in the hands of Mr. ..., the Chartered Accountant, who will prepare a statement of my affairs/present you with a statement of my assets and liabilities.
4. A meeting of the creditors will be held on ... at ... o'clock.
5. You should lodge your claim with the official receiver by ...
6. Mr. ... has been appointed to receive all outstanding amounts and to consider all claims.
7. A receiving order was made on the ...

Representation

1. If you are unable to attend you have the right to be represented.
2. Your representative will have to produce power of attorney.
3. We have just been advised that Messrs. ... have filed their petition.
4. We should be glad if you would represent us at the Creditors' meeting to be held on the ...
5. We enclose power of attorney, duly attested, as well as all relevant documents.

24. FAILLITE ET BANQUEROUTE

Notification

1. Je regrette de vous informer qu'en raison des pertes que j'ai subies/de l'insuccès de mes associés/d'un mauvais état de santé qui m'a empêché pendant plusieurs années de m'occuper personnellement de mes affaires, je ne puis faire face à mes échéances/je suis dans l'obligation de suspendre mes paiements/de déposer mon bilan.
2. Dans les circonstances actuelles/Comme je tiens à honorer mes engagements, je me vois forcé de demander à mes créanciers de prolonger mes échéances.
3. J'ai remis mes livres de comptes à M. ..., expert comptable, qui préparera l'exposé de ma situation financière/qui vous soumettra l'état de l'actif et du passif.
4. Une assemblée des créanciers aura lieu le ... au/à la/à l' ... à ... heures.
5. Vos titres de créances doivent être envoyés au syndic de faillite le ... au plus tard.
6. M. ... a été nommé pour recevoir tous paiements arriérés et examiner tous titres de créances.
7. Une ordonnance de mise sous séquestre a été déclarée le ...

Procuration

1. Si vous ne pouvez y assister en personne, vous êtes en droit de vous faire représenter.
2. Votre représentant devra présenter la procuration nécessaire.
3. Nous venons d'être informés que la maison ... a déposé son bilan.
4. Nous vous serions obligés de bien vouloir nous représenter à la réunion des créanciers qui aura lieu le ...
5. Nous vous adressons sous ce pli la procuration dûment certifiée ainsi que toutes les pièces justificatives.

Accommodation

1. The amount of the liabilities is ... and the assets will be about ...
2. Should the stock be disposed of by compulsory sale, it will, in all likelihood, realize only a fraction of the amount stated.
3. We are prepared to accept a settlement and wish to know what terms the bankrupt offers.
4. The creditors have accepted an offer of 42p in the pound.

Arrangement à l'amiable

1. Le passif s'élève à ...; l'actif sera de ... environ.
2. Si les marchandises en magasin sont vendues par liquidation forcée, la rentrée ainsi obtenue ne sera très probablement qu'une partie minime du montant total déclaré des dettes.
3. Nous sommes disposés à accepter un arrangement à l'amiable et désirerions connaître les offres du failli.
4. Les créanciers ont accepté une offre de paiement de 42p par livre sterling.

IV

Business transactions

Affaires suivies

25. ENQUIRIES

First enquiry

1. Your firm has been recommended to us by ...
2. We have seen your advertisement in ...
3. We have seen your stand at the ... Fair/Exhibition.
4. We are interested in ...
5. We have an enquiry for (large quantities) of ...
6. We are considering buying/installing ...
7. We require for immediate delivery ...
8. We understand (from ...) that you are producing (for export to ...)/that you can supply ...

Requests

1. Will you please
   let us know your prices for ...
   let us know whether you could supply ...
   give us a quotation for ...

2. Please send us / We should be grateful for
   your price-list/catalogue
   samples/patterns of ...
   your export catalogue
   further details of ...

3. Please offer
   quantities which can be supplied from stock.
   qualities for delivery by ...
   articles for shipment on the ...
   goods at the latest.

Terms

1. We should be glad if you would quote your lowest terms for substantial quantities, f.o.b. (free on board), Hamburg/c.i.f. (cost, insurance, freight), Lisbon.

25. DEMANDES DE RENSEIGNEMENTS

Lettre préliminaire

1. Votre maison nous a été recommandée par M. ...
2. Nous avons lu votre annonce dans ...
3. Nous avons vu votre stand à la foire/l'exposition de ...
4. Nous nous intéressons aux/au/à l'/à la ...
5. On nous demande des ... de grandes quantités de ...
6. Nous envisageons d'acheter/d'installer ...
7. Nous avons besoin de ... pour livraison immédiate.
8. Nous apprenons (par ...) que vous fabriquez (pour l'exportation au/en ...)/que vous pourriez fournir ...

Demandes

1. Veuillez   nous faire connaître vos prix pour ...
           nous faire savoir si vous pourriez nous fournir ...
           nous envoyer vos offres de prix pour ...

2. Veuillez nous envoyer   votre prix-courant/catalogue.
   Nous vous prions de bien   des échantillons/modèles de ...
     vouloir nous envoyer   votre catalogue de marchandises
                       pour l'exportation.
                       de plus amples renseignements sur ...

3. Veuillez nous   quantités   disponibles en magasin.
     envoyer   qualités   livrables à partir de/du ...
     vos offres   articles   prêt(e)s à être expédié(e)s
       pour des   marchandises   le ... au plus tard.

Conditions

1. Veuillez nous communiquer vos tout derniers prix pour d'importantes quantités F.à.B. (franco à bord) Hambourg/C.A.F. (coût, assurance, fret) Lisbonne.

2. Will you let us know at the same time what your terms are/how long it will take you to deliver/what discount you give for large quantities?
3. We enclose   lists of goods which we require.
                patterns showing the qualities required.
                drawings of the machine/installation.
4. Payment will be made by irrevocable letter of credit.
5. We shall supply references with our order.
6. We shall require the ... not later than ...
7. We require large quantities and can give you considerable orders if both qualities and prices suit us.

26. OFFERS

Opening lines

1. We thank you for your enquiry of the ... and are sending you under separate cover
    a copy of our latest catalogue/current price-list.
    samples of various patterns/articles available.
    a specimen of our ..., together with our price-list.
2. Thanking you for your enquiry of ... we can supply for immediate delivery ...
3. In reply to your enquiry of the ... for ... we have much pleasure in submitting the following quotation:
4. We return your list of articles required with our prices added.

Delivery

1. We shall deliver the quantities mentioned in your enquiry from stock ... weeks from the receipt of the order.

2. Veuillez nous indiquer également quelles sont vos conditions de vente/quel sera le délai de livraison/quelle remise vous faites sur de grandes quantités.

3. Nous vous envoyons ci-inclus   les listes de marchandises dont nous avons besoin.

des échantillons représentatifs des qualités requises.

les plans de la machine/de l'installation.

4. Le paiement sera par lettre de crédit irrévocable.

5. Nous joindrons nos références à notre commande.

6. Nous aurons besoin des ... le ... au plus tard.

7. Des quantités importantes nous sont nécessaires et, si les qualités et les prix nous conviennent, nous pourrons vous remettre des commandes importantes.

26. OFFRES

Débuts de lettres

1. Nous vous remercions de votre lettre du ... au sujet de ... .
Nous avons le plaisir de vous envoyer sous pli séparé
notre dernier catalogue/notre prix-courant.
des échantillons de divers modèles/articles disponibles.
un échantillon de notre ... auquel nous joignons notre tarif.

2. Nous vous remercions de votre demande de renseignements du ... Nous pouvons vous fournir les ... livrables de suite.

3. En réponse à votre lettre du ... nous demandant des ..., nous avons le plaisir de vous faire les offres suivantes:

4. Nous vous retournons sous ce pli, selon votre demande, la liste des articles que vous recherchez, avec nos prix.

Livraison

1. Nous pouvons livrer sur stock existant, dans un délai de ... semaines à dater de la réception de votre ordre.

2. Delivery f.o.b./c.i.f./free border.
3. Packing extra/free of charge/to be allowed for if returned carriage paid.

Terms

1. Our usual terms are   cash against documents less ...%.
      bank draft against pro-forma invoice.
      draft at ... days' sight.
      documents against irrevocable letter of credit.
      monthly/quarterly/half-yearly settlement.
2. For orders of ... and more we shall be able to allow a special discount of ...%
3. This offer is   firm for ... days.
      subject to the goods being unsold.
      at a special price and therefore not subject to the usual discounts.

Concluding lines

1. As you see, our prices are exceedingly low, and as they are most likely to rise, we advise you, in your own interest, to place your order as soon as possible.
2. Please let us have your order as soon as possible since supplies are limited.

2. Expédition F.à.B./C.A.F./franco frontière.
3. Frais d'emballage en sus/Franco d'emballage/Emballage en partie remboursable contre renvoi franco.

Mode de règlement

1. Nos conditions habituelles de règlement sont

au comptant contre documents avec ...% d'escompte.

par traite sur banque contre facture *pro forma*.

par traite à ... jours de vue.

par accréditif irrévocable contre documents d'expédition.

par solde de compte mensuel/trimestriel/semestriel.

2. Nous consentirons une remise spéciale de ...% sur toute commande d'au moins ...
3. Notre offre est valable pour ... jours/sauf vente/à un prix spécial et, par conséquent, doit s'entendre sans déduction des escomptes habituels.

Fins de lettres

1. Vous ne manquerez pas d'observer que nos prix sont en ce moment des plus avantageux. Une hausse imminente étant fort probable, nous pensons que vous avez tout intérêt à nous transmettre votre commande dans le plus bref délai.
2. Veuillez nous remettre votre commande aussitôt que possible car nous n'avons qu'un petit stock de ces articles.

27. ORDERS

Delivery

1. We thank you for your letter of ... /quotation/price-list and should be glad if you would send us immediately ...
2. We have pleasure in enclosing our order No. ...
3. As the goods are urgently required, we shall be grateful for immediate delivery/delivery by ...
4. We must insist on delivery within the time stated and reserve the right to reject the goods should they be delivered later.
5. Please forward the consignment   by air
   Please arrange for delivery   by goods train
   Please send as soon as possible   by passenger train
                                     by the next boat leaving ...
6. We should be glad if you would see to it that the enclosed packing instructions are carefully followed.
7. Please ship/pack/forward in strict accordance with the enclosed instructions.
8. Owing to the long distance, will you please take care that only the best cases/casks/sacks are used.
9. We trust you will send best quality only.
10. We should be glad if you would confirm   acceptance of our
                                       order by return.
                                     quote the above order No. on
                                     all letters and documents.

Payment

1. For the amount of the invoice and charges you may draw upon us at ... days' notice.
2. We require invoice/dispatch note in duplicate/triplicate and a Certificate of Origin.

27. COMMANDES

Livraison

1. Nous vous remercions de votre lettre du .../vos listes de prix/ votre prix-courant et nous vous prions de bien vouloir nous expédier immédiatement ...
2. Nous avons le plaisir de vous remettre sous ce pli notre commande No. ...
3. Nous avons un besoin urgent des marchandises et comptons sur vous pour nous les livrer de suite/le ... au plus tard.
4. Nous tenons absolument à ce que la livraison soit faite dans le délai convenu, sinon nous nous réservons le droit de refuser les marchandises.
5. Veuillez expédier la marchandise   par transport aérien
   Veuillez faire le nécessaire pour   en petite vitesse
      effectuer la livraison   en grande vitesse
   Veuillez nous expédier le plus tôt   par le premier navire
      possible   en partance de ...
6. Vous voudrez bien veiller à ce que nos instructions ci-jointes concernant le mode d'emballage soient en tout point suivies.
7. Veuillez observer strictement les instructions ci-jointes concernant la mise à bord/l'emballage/l'expédition des marchandises.
8. Le voyage devant être long, veuillez prendre soin que les caisses/barils/sacs soient des plus solides.
9. Nous comptons sur vous pour ne livrer que des marchandises de première qualité.
10. Nous vous prions de bien vouloir nous confirmer par retour du courrier l'acceptation de notre commande/rappeler le No. de commande ci-dessus sur toutes lettres et documents.

Paiement

1. Vous pouvez tirer une traite sur nous à ... jours pour le montant total de la facture et des frais.
2. Il nous faut la facture/le bulletin d'expédition en double/en triple ainsi que le certificat d'origine.

3. We allow three months' credit and trust you will grant us the same terms.
4. As this is our first order we   give the following references:
enclose a cheque for ...
shall pay cash against documents.

Insurance

1. Please insure at invoice value plus ...%.
2. We shall take out insurance ourselves.

28. CONFIRMATION AND EXECUTION OF ORDERS

Acknowledgement

1. Thank you for your Order No. ..., for which we enclose our official confirmation.
2. We thank you for your Order No. ... dated ... for ... .
3. We thank you for your letter of ... and for the enclosed order.
4. Your instructions have been carefully noted and we hope to have the goods ready for dispatch on ...
5. The execution of your order will require at least ... weeks/ months.
6. Delivery will be made on .../next .../by .../as soon as possible.

3. Nous donnons trois mois de crédit et espérons que vous nous accorderez les mêmes conditions.

4. Comme il s'agit de notre première commande,
   nous vous donnons nos références ci-dessous:
   nous vous remettons ci-inclus notre chèque de ...
   nous paierons au comptant contre remise des documents.

Assurance

1. Veuillez assurer l'expédition pour le montant de la facture plus ...%.
2. Nous effectuerons nous-mêmes l'assurance.

28. CONFIRMATION ET EXÉCUTION DE COMMANDES

Accusé de réception

1. Nous vous remettons sous ce pli notre confirmation régulière de votre commande No. ..., dont nous vous remercions.
2. Nous vous remercions de votre commande No. ... en date du ... pour ... .
3. Nous vous remercions de votre lettre du ... et de votre commande qui y était jointe.
4. Nous avons bien noté vos instructions et nous pensons que les marchandises seront prêtes à expédier le ...
5. Un délai d'au moins ... semaines/mois sera nécessaire à l'exécution de votre ordre.
6. Nous livrerons votre commande le .../ ... prochain/par .../le plus tôt possible.

7. The goods were forwarded today   by air.
     will be sent tomorrow   by goods train.
     will be sent on the ...   by passenger train.
                    by SS "..."

8. With reference to your order we are glad to tell you that the goods are now ready for dispatch. We are expecting your forwarding instructions.

Invoice

1. We enclose our invoice in duplicate/triplicate.
2. The amount has been drawn on you at sight for presentation through the ... bank against shipping documents.
3. We enclose our draft upon you at ... days after date, and shall be glad if you will return it accepted in due course/the shipping documents in duplicate/our account of freight and other expenses/the detailed account of our expenses.
4. We should be glad if you would remit the amount of the invoice to the ... Bank/to credit our account with the amount.

Insurance

1. As requested, we have arranged insurance and will attach the policy to shipping documents.
2. We have noted that you are covering insurance yourselves.

7. Les marchandises ont été expédiées par transport
   aujourd'hui aérien.
   seront expédiées demain en petite
   seront expédiées le ... vitesse.
   en grande
   vitesse.
   sur le vapeur «...».

8. Nous avons le plaisir de vous informer que nous avons exécuté votre commande et que les marchandises sont prêtes à être expédiées. Nous attendons vos instructions à cet égard.

Facturation

1. Nous vous adressons ci-inclus notre facture en double/triple.
2. Nous avons tirer une traite sur vous à vue pour ce montant. Elle sera présentée à votre acceptation par la banque ..., payable contre remise des documents d'expédition.
3. Nous vous remettons sous ce pli notre traite tirée sur vous à ... jours de date et nous vous prions de bien vouloir nous la retourner en temps voulu revêtue de votre acceptation/les documents d'expédition en double/notre relevé de compte: fret et autres débours/le décompte de nos frais.
4. Nous vous serions obligés de bien vouloir faire remise à la banque ... en couverture de notre facture/nous créditer de ce montant.

Assurance

1. Selon votre demande, nous avons effectué l'assurance et nous en joindrons la police aux documents d'expédition.
2. Nous avons noté que vous prenez les frais d'assurance à votre charge.

29. CONDITIONS AND MODIFICATIONS OF ORDERS

Enquiries

1. We should be prepared to make them in ...
   order ... if you could deliver them within ... weeks.
   supply them at a cheaper price.
2. We should like to hear what special discount you could grant us for orders over ...
3. We have passed on your enquiry to our works and have asked them to report whether this model can be produced in accordance with your specifications/within the time specified.

Conditions

1. Please delete from the order any items which you cannot supply from stock.
2. Please supply the nearest you have in stock to the enclosed sample.
3. If No. ... is not available, please send No. ... instead.
4. The length/height/weight/contents must not exceed/be under ...
5. The ... must be guaranteed to our own specification.
6. The ... must be waterproof/pure wool and we place this order subject to this guarantee.

Offering alternatives

1. We have nothing in stock that is sufficiently similar to your pattern. The only alternative we can offer is ...
2. We have a very similar ... which might suit you and enclose a pattern/illustration/description of it.

29. CONDITIONS ET MODIFICATIONS DE COMMANDES

Demandes de renseignements

1. Nous serions disposés à vous passer une commande de ... si vous pouviez
   les fabriquer en ...
   les livrer dans un délai de ... semaines.
   les fournir à plus bas prix.
2. Pourriez-vous nous consentir une remise spéciale sur des commandes de plus de ...?
3. Votre demande de renseignements a été transmise à nos ateliers. Ils nous feront savoir si ce modèle peut être fabriqué suivant votre spécification/dans le délai stipulé.

Conditions

1. Veuillez annuler dans notre commande tout article que vous ne pourriez livrer tout de suite.
2. Veuillez fournir ce que vous auriez en stock qui se rapproche le plus de l'échantillon ci-joint.
3. Au cas où le No. ... ne serait pas disponible, veuillez le remplacer par le No. ...
4. La longueur/la hauteur/le poids/le contenu ne doit (doivent) pas dépasser/être au dessous de ...
5. Les ... seront guaranti(es)s conformes à notre spécification.
6. Nous vous passons la présente commande sous condition que les ... soient imperméables/pure laine.

Offres de marchandises analogues

1. Nous n'avons rien en stock qui se rapproche suffisamment de votre échantillon. Le seul article que nous puissions vous offrir est ...
2. Nous avons un (une) ... très similaire qui pourrait vous convenir. Nous vous en adressons sous ce pli un échantillon/une illustration/une description détaillée.

3. Unfortunately ... is out of stock at present and will not be available before ... . We can, however, offer the similar ...
4. We could make it in ..., but this would mean an increase in price to ...
5. We regret that we cannot supply at the prices stated in your letter (quoted ... months ago). Our best possible price today would be ...
6. To produce an article to your specification would mean an alteration to our production methods and consequently an increase in labour and material costs.
7. If you can increase your order to ... we can offer you a ...% discount.

30. DELAYS IN DELIVERY

Reminders

1. The goods we ordered on ... have not yet been received.
2. Our order No. ... of ... which should have been delivered (shipped) on ... is now considerably overdue.
3. We telexed you today: ORDER NO. ... NOT YET RECEIVED. SEND IMMEDIATELY.
4. As the ... are urgently needed we should be glad if you would dispatch them without further delay/speed up delivery.
5. We should be glad if you would send us something to be going on with.
6. Unless the goods can be   dispatched   immediately
                             shipped   without further delay
                             delivered   within ... days
   we shall be obliged to cancel the order.
7. Please let us know by return/by fax when we can expect delivery.

3. Nous regrettons beaucoup que ... nous fasse actuellement défaut et nous n'en aurons pas en magasin avant le ... Cependant, nous pouvons vous offrir l'article analogue ...

4. Nous pourrions les fabriquer en ... mais leur prix serait alors de ...

5. Nous regrettons de ne pouvoir fournir les marchandises aux prix indiqués dans votre lettre (que nous vous avons annoncés il y a ... mois). A l'heure actuelle, notre dernier prix serait de ...

6. Pour fabriquer l'article d'après votre spécification, il nous faudrait adapter nos procédés de fabrication, ce qui accroîtrait les frais de matières premières et de main-d'œuvre.

7. Si vous pouviez nous en commander au moins ..., nous vous ferions bénéficier d'une remise spéciale de ...%.

30. RETARDS DE LIVRAISON

Rappels

1. Les marchandises que nous vous avons commandées le ... ne nous sont pas encore parvenues.

2. Notre commande No. ... du ... qui devait nous être livrée (expédiée) le ... est maintenant très en retard.

3. Nous vous avons aujourd'hui expédié un télex comme suit: RECLAMONS LIVRAISON IMMEDIATE COMMANDE NUMERO ...

4. Nous avons besoin d'urgence des ... et vous demandons de bien vouloir nous les expédier sans plus tarder/activer la livraison.

5. Vous nous obligeriez en nous faisant un envoi partiel pour nos premiers besoins.

6. Au cas où les marchandises ne pourraient nous être

envoyées	immédiatement
expédiées	sans plus tarder
délivrées	d'ici ... jours

nous serions obligés d'annuler notre commande.

7. Veuillez nous faire savoir par retour du courrier/fax à quelle date nous pouvons compter sur votre livraison.

8. Would you kindly look into the reasons for this delay. The completion of (construction of) ... has been held up as a result of it.

Apologies and explanations

1. We very much regret that we have been unable to complete your order by the .../deliver more than ...
2. We are very sorry about this delay in the delivery of your order.
3. The delay is due to   a strike.
   Deliveries have been held up   the breakdown of a machine.
     by   shortage of raw material.
   The execution of your order   staff absence owing to the flu
     has been delayed by   epidemic.
                     circumstances beyond our
                     control.
4. We regret that owing   to deliver your order No. ...
     to ... we are still unable   to send the goods off by ...
5. We are very sorry that the delay caused you so much inconvenience.
6. We are making every effort to ex- as soon as possible.
     ecute your order   by the ... at the latest.
7. We hope to deliver part of your order on ... . The balance will follow in ... days.

8. Nous vous prions de bien vouloir vous renseigner sur les causes de ce retard par suite duquel l'achèvement (la construction) du/de la/de l' … a été retardé(e).

Excuses et explications

1. Nous regrettons vivement de n'avoir pu exécuter votre commande avant le …/vous livrer que …
2. Nous vous prions de bien vouloir nous excuser de ce retard dans la livraison de votre commande.
3. Le retard a été causé par   une grève.
   Les livraisons ont été   l'arrêt d'une machine.
   retardées par   une pénurie de matières
   L'exécution de votre   premières.
   commande a subi un   un manque de personnel dû à
   retard par suite de/d'   une épidémie de grippe.
        un fâcheux concours de
        circonstances indépendant
        de notre volonté.
4. Nous regrettons qu'en raison   la livraison de votre
   de … nous ne puissions   commande No. …
   encore effectuer   l'expédition des marchandises
        par …
5. Nous regrettons beaucoup que ce retard vous ait occasionné tant d'ennuis.
6. Nous faisons tous nos efforts   le plus tôt possible.
   pour exécuter votre   le … au plus tard.
   commande
7. Nous espérons pouvoir livrer une partie de votre commande le … . Le restant suivra dans un délai de … jours.

31. NON-FULFILMENT AND CANCELLATION OF ORDERS

Inability to fulfil an order

1. We regret that No. ...   is no longer available.
   will not be available before the ...
   cannot be delivered within the time specified.
   is not in stock at present. We can offer No. ... instead.
   is not available in this colour/shade.
2. We can accept the order only for delivery in ...
3. It is impossible for us   to deliver on/by ...
   to supply on sale or return.
   to allow you a reduction of ...%.
   to accept an order for such small quantities.
4. Please select a suitable substitute from the enclosed patterns/our catalogue.
5. For No. ..., which is no longer available, we have substituted the very similar No. ... and trust this will meet with your approval.
6. Very much to our regret we are unable to carry out your order as this article/material is no longer available. You will find the ... a considerable improvement on the ...
7. The price you offer is so low that we cannot agree to it. The best we can do is to supply you at ...

31. NON-EXÉCUTION ET ANNULATION DE COMMANDES

Impossibilité d'exécution d'une commande

1. Nous regrettons que le No. ...
   - ne soit plus disponible.
   - ne puisse être disponible avant le ...
   - ne puisse être livré dans le délai stipulé.
   - ne soit pas en magasin pour le moment. Nous pouvons vous offrir en remplacement le No. ...
   - ne soit plus disponible dans ce coloris/cette nuance.

2. Nous ne pouvons accepter la commande que pour livraison en ...

3. Il nous est impossible
   - de vous faire livraison (d'ici) le ...
   - de vous fournir les marchandises à condition.
   - de vous consentir un rabais de ...%.
   - d'accepter une si petite commande.

4. Veuillez choisir parmi les échantillons/dans le catalogue ci-inclus un numéro de remplacement qui ferait votre affaire.

5. Nous avons remplacé le No. ..., que nous ne détenons plus, par le No. ... analogue. Nous espérons que celui-ci vous conviendra.

6. Nous sommes au regret de ne pouvoir exécuter votre commande, car cet article/ce matériel n'est plus disponible. Vous constaterez sans doute que le (l', la) ... lui est de beaucoup supérieur(e).

7. Le prix que vous nous proposez est trop bas pour que nous puissions l'accepter. Désireux pourtant de faire de notre mieux pour vous, nous pourrions vous fournir au prix de ...

Cancellation of orders

1. We regret that we have to cancel the order contained in our letter of the .../given to your representative on the ...
2. As you are unable to execute the above order by ...,/As we have not received the goods which were to be delivered on ...,/As import duties have been raised to such an extent,/we are compelled to cancel the order.
3. Will you please hold up our order No. .../the dispatch of the goods ordered on ... until further notice.
4. In case our order No. ... is not yet executed/the goods are not dispatched yet we ask you to hold up the consignment until further notice.
5. As the season is nearly over/we were dissatisfied with your last delivery, we herewith cancel the remainder of our order.

32. COMPLAINTS

Reference

1. We have today received the boxes/bales/sacks/crates/parcels referred to in your advice note of the ...
2. With reference to your consignment of ..., we regret that ...

Annulation de commandes

1. A notre grand regret, nous devons annuler la commande que nous vous avons envoyée par notre lettre du .../remise à votre représentant le ...

2. Dans l'impossibilité où vous êtes d'exécuter la commande ci-dessus d'ici le .../Les marchandises qui devaient nous être livrées le ... ne nous étant pas encore parvenues/Les droits d'entrée étant devenus entre-temps trop élevés/nous nous voyons obligés d'annuler notre commande.

3. Veuillez suspendre l'exécution de notre commande No. .../ l'envoi des marchandises que nous vous avons commandées le ... jusqu'à nouvel avis de notre part.

4. Dans le cas où notre commande No. ... ne serait pas encore exécutée/vous ne nous auriez pas encore fait l'envoi des marchandises, veuillez tenir l'affaire en suspens jusqu'à nouvel ordre.

5. La saison touchant à sa fin/Votre dernière livraison ne nous ayant pas donné toute satisfaction, nous sommes au regret de devoir annuler par la présente le reste de notre commande.

32. PLAINTES ET RÉCLAMATIONS

Rappel

1. Nous avons bien reçu aujourd'hui les caisses/balles/sacs/caisses à claire-voie/colis annoncé(e)s par votre avis d'expédition du ...

2. En ce qui concerne votre envoi de ..., nous regrettons que ...

Nature of the complaint

1. | We are sorry to
have to tell you
that the goods | arrived in a bad condition.
were damaged in transport.
are not suitable for this market.
are not according to the samples/in
accordance with the conditions of the
order. |

2. To our surprise we found that
   one case (the cases) contained ... instead of ...
   the contents do not agree with the delivery note.
   many (most) were cracked (damaged).

3. We stipulated that they should be ..., but found that they were ...

4. ... were missing/were under (over) the prescribed weight.

5. Several boxes were broken and the contents damaged.

6. Many sacks were torn and part of the contents was missing.

7. | The goods
were | so badly packed
damaged to such an
extent | that a large
part has become
unfit for sale. |

Action to be taken

1. We regret that we shall have to return the whole/part of the consignment.

2. We must ask you   to replace the damaged goods.
   to credit us with the value of the damaged
   (returned) goods.

3. We are prepared to retain the goods, but only at a substantially reduced price.

4. We shall have to place the goods at your disposal and are awaiting your instructions.

5. Under the circumstances we have to cancel the rest of our order/ the order contained in our letter of ...

Objet de la plainte

1. Nous regrettons de devoir vous informer que les marchandises
   - sont arrivées en mauvais état.
   - ont été endommagées en cours de route.
   - ne sont pas appropriées à ce marché.
   - ne sont pas conformes aux échantillons/à la commande.

2. Nous avons constaté avec étonnement
   - qu'une/que les caisse(s) contien(nen)t ... au lieu de ...
   - que le contenu ne correspond pas au bon de livraison.
   - que de nombreux (la plupart) des articles sont fêlés (abîmés).

3. Nous avions stipulé qu'ils/elles devaient être ...; mais nous avons constaté qu'ils/elles étaient ...

4. Il manque ... Ils (Elles) sont ... d'un poids inférieur (supérieur) à celui que nous avions stipulé.

5. Plusieurs caisses étaient brisées et leur contenu endommagé.

6. De nombreux sacs étaient déchirés et leur contenu en partie manquant.

7. Les marchandises étaient si mal emballées/sont tellement abîmées qu'elles sont en grande partie invendables.

Réclamations

1. Nous regrettons de devoir vous renvoyer la totalité/une partie de votre envoi.

2. Nous devons vous demander
   - de remplacer les marchandises endommagées.
   - de nous créditer de la valeur des marchandises endommagées (retournées).

3. Nous sommes disposés à garder les marchandises, mais seulement avec une appréciable réduction de prix.

4. Il ne nous reste qu'à tenir les marchandises à votre disposition et nous attendons vos instructions à ce sujet.

5. En l'occurrence, nous ne pouvons qu'annuler le reste de notre commande/la commande remise dans notre lettre du ...

6. We have pointed out the damage to the forwarding agents/the railway company/the shipping company/the airline and had it certified.

33. APOLOGIES, EXPLANATIONS, ADJUSTMENTS

Apology

1. We very much regret/We are extremely sorry that you are not satisfied with our consignment/our consignment has been damaged in transit/you are having trouble with ...
2. We are quite unable to account for this unfortunate mistake/the damage to the goods.
3. We offer our sincere apologies for the most unfortunate error in the execution of your order.
4. We are extremely sorry for the inconvenience caused to you.

Explanation

1. Some mistake must have been made in the assembly/packing/dispatch of your order.
2. The consignment must have met with very careless handling at the hands of the crew/dockers.
3. We have started enquiries to discover the cause of the trouble/taken the matter up with the forwarding agents and shall write to you again as soon as we hear from them.
4. We should be grateful if you would hold the goods at our disposal until further notice.
5. We would point out that such slight deviations are quite normal.

6. Nous avons signalé les dégâts au transitaire/à la compagnie de chemin de fer/à la compagnie de transports maritimes/à la ligne aérienne et nous avons fait établir le certificat d'avarie.

33. EXCUSES, EXPLICATIONS, ACCOMMODEMENTS

Excuses

1. Nous regrettons infiniment/Nous sommes vraiment désolés d'apprendre que vous n'êtes pas satisfaits de notre envoi/que notre envoi ait été endommagé en cours de route/que vous avez des ennuis avec ...
2. Nous ne pouvons expliquer comment cette fâcheuse erreur/avarie des marchandises a pu se produire.
3. Nous vous prions d'accepter toutes nos excuses pour cette erreur des plus regrettables dans l'exécution de votre ordre.
4. Nous regrettons vivement les ennuis qui vous ont été occasionnés.

Explications

1. Une erreur est sans doute survenue au montage/à l'emballage/à l'expédition de votre commande.
2. Les membres de l'équipage/Les déchargeurs n'ont pas dû apporter leurs meilleurs soins au chargement.
3. Nous procédons à une enquête pour découvrir la raison de ces ennuis/Nous sommes en contact avec le commissionnaire de transport à ce sujet et nous vous écrirons de nouveau dès que nous aurons reçu sa réponse.
4. Nous vous prions de bien vouloir garder les marchandises à notre disposition jusqu' à nouvel avis de notre part.
5. Permettez-nous de vous faire observer que de si petits écarts sont tout à fait normaux.

Adjustment

1. We shall, of course, bear all the expenses which this mistake has caused.
2. We are sending off today/shall send off tomorrow replacements of the rejected/damaged/faulty/missing articles.
3. If you are prepared to keep the goods, we are prepared to make a special allowance of …%.
4. As requested we have cancelled the balance of your order.
5. We assume that you accepted the goods under protest.
6. We wish to assure you that we shall do all we can to prevent the recurrence of such an error.

34. QUERIES AND ADJUSTMENT OF CHARGES

Queries

1. On checking your invoice/statement of the … we find a slight error/that our figures do not agree with yours.
2. You apparently failed to credit us for the … which we returned to you on the …
3. You have charged for the … at … instead of at … as quoted in your letter of …
4. You have omitted your Credit Note No. … for … of the …
5. You have charged for packing/insurance/freight.
6. You have shown the total amount as … instead of …
7. You have omitted to credit us with the discount on the consignment of …

Arrangements à l'amiable

1. Nous prendrons, bien entendu, à notre charge tous les frais que cette erreur aura occasionnés.
2. Nous vous envoyons aujourd'hui/vous enverrons demain des remplacements pour les articles refusés/endommagés/défectueux/manquants.
3. Si vous êtes disposés à garder les marchandises, nous voulons bien vous accorder une remise spéciale de ...%.
4. Conformément à votre demande, nous avons annulé le reste de votre commande.
5. Nous supposons que vous avez accepté les marchandises sous réserve.
6. Soyez assurés que nous veillerons à ce qu'une telle erreur ne se reproduise pas.

34. QUESTIONS ET RECTIFICATIONS DE PRIX

Questions

1. Nous nous sommes aperçus, après vérification, qu'une légère erreur s'est glissée dans votre facture/relevé du .../que vos chiffres ne correspondent pas aux nôtres.
2. Il nous semble que vous avez omis de nous créditer de la valeur des ... que nous vous avons retournés(ées) le ...
3. Vous nous avez facturé les ... au prix de ... au lieu de ..., indiqué dans votre lettre du ...
4. Vous avez omis de déduire votre note de crédit No. ... en date du ... pour les ...
5. Vous nous avez facturé les frais d'emballage/d'assurance/le coût du fret.
6. D'après vos écritures, le total est de ... au lieu de ...
7. Vous avez omis de nous décompter la remise convenue applicable à l'envoi de ...

8. The ___ packing ___ does not correspond with the
   charge ___ insurance ___ custom of the trade.
   for ___ delivery ___ is not provided for in your price-list.
   ___ seems excessive.
9. The item for ... should read ... not ... We have accordingly increased/decreased the total to ...
10. We assume that these charges were included in error and are deducting them from your invoice.

Adjustments

1. On receipt of your amended invoice I will send you my cheque in full settlement.
2. Thank you for calling our attention to the error of our invoice of the ...
3. Please find enclosed our amended invoice.
4. We are sorry that by an oversight we omitted to credit you with ...
5. We received your letter of the ... and noted your objection against the charge of ...
6. Although we do not charge for packing in this country, we are obliged to use more durable material for export and therefore have to charge for the cases.
7. We note that you deducted a ...% discount and would point out that our quotation stated "net cash against documents".
8. Our special quotation of ... per case was made in anticipation of a much larger order. We regret we are not able to allow you a further discount.

8. Les frais d'emballage ne s'accordent pas avec le tarif usité dans
   d'assurance le commerce.
   de livraison ne sont pas prévus dans votre
   prix-courant.
   nous paraissent exagérés.
9. Sous rubrique ..., votre débit devrait être de ..., au lieu de ....
   En conséquence, nous avons augmenté/réduit le montant
   global à ...
10. Nous avons tout lieu de supposer que ces frais nous ont été
    facturés par erreur et les déduisons donc du montant de votre
    facture.

Rectifications

1. A réception de votre facture rectifiée, je vous enverrai mon
   chèque pour solde de tout compte.
2. Nous vous remercions de nous avoir signalé l'erreur qui s'est
   glissée dans notre facture du ...
3. Nous vous remettons sous ce pli notre facture rectifiée.
4. Nous regrettons d'avoir omis, par inadvertance, de vous créditer
   de ...
5. Nous avons bien reçu votre lettre du ... et avons noté votre refus
   de payer les frais de ... en question.
6. Bien que nous ne comptions pas les frais d'emballage pour les
   livraisons dans notre pays, nous devons utiliser des matériaux
   plus solides pour l'exportation et sommes donc obligés de
   facturer les caisses.
7. Nous constatons que vous avez déduit une remise de ...% mais
   nous nous permettons de vous faire observer que notre offre
   stipulait bien «Paiement comptant net contre documents».
8. Nous vous avons cité le prix spécial de ... par caisse en prévision
   d'une commande beaucoup plus importante. Nous regrettons
   donc de ne pouvoir vous accorder d'escompte supplémentaire.

35. SETTLEMENT OF ACCOUNTS

Request for payment

1. We have pleasure in sending you herewith

   We are pleased to enclose

   statement of your account.
   our invoice amounting to ...
   our monthly statement.
   our expense account.

2. Will you kindly let us have your cheque/remittance in settlement.

3. We ask you, as agreed, to open an irrevocable letter of credit in our favour with the ... Bank.

4. We have drawn on you for this amount at ... days ... through the ... Bank.

5. The shipping documents will be delivered against acceptance of our draft.

6. As arranged, we are attaching our sight draft on you for ... to the shipping documents and are handing them to our bank.

Remittance

1. We have pleasure in sending you herewith our cheque for ... in payment of your invoice No. ... of the ...

2. In payment of your account we enclose a draft on ...

3. In settlement we enclose the above cheque/draft which at today's rate of exchange is the equivalent of ...

4. We have arranged payment of ... through the ... Bank in settlement of ...

5. You may draw on us at sight for the amount of your invoice.

35. RÈGLEMENT DE COMPTE

Demande de paiement

1. Nous avons l'avantage de   le relevé de votre compte.
   vous remettre sous ce pli   notre facture s'élevant à ...
   Nous avons le plaisir de vous   votre relevé de compte
   adresser ci-inclus   mensuel.
                       le décompte de nos frais.
2. Veuillez nous faire parvenir votre chèque/remise en règlement de votre compte.
3. Selon notre accord, nous vous prions de bien vouloir loger un accréditif irrévocable en notre faveur à la banque ...
4. Nous avons disposé sur vous pour ce montant à ... jours de date du ... sur la banque ...
5. Les documents d'expédition seront remis contre acceptation de notre effet.
6. Comme convenu, nous remettons à notre banquier les documents d'expédition auxquels nous avons joint notre traite à vue tirée sur vous pour la somme de ...

Paiement

1. Nous avons l'avantage de vous remettre ci-inclus notre chèque de ... pour solde de votre facture No. ... du ...
2. Nous vous adressons sous ce pli une traite à l'ordre de ... en couverture de votre compte.
3. Pour solde de notre compte nous vous remettons ci-joint le chèque/l'effet plus haut mentionné qui, au cours actuel du change, est la contre-valeur de ...
4. Nous avons pris nos dispositions pour que la somme de ... vous soit payée par la banque ... en règlement des ...
5. Vous pouvez tirer sur nous à vue pour le montant de votre facture.

6. Enclosed we return, accepted, your bill of exchange for ...
7. The ... Bank in ... will accept your draft on our behalf.
8. We have deducted the usual ...% discount from the amount of your invoice.
9. I am sorry that I have not settled your invoice before now.

Acknowledgement

1. We acknowledge with thanks your cheque for ... in settlement of our invoice No. ... dated ... in respect of goods supplied on ... and are pleased to enclose our formal receipt.
2. We regret not to be able to grant you the discount deducted as we supply at net prices only. We should be glad if you would credit us again with the amount.

36. OVERDUE ACCOUNTS

First reminder

1. Will you kindly let us have your remittance in settlement of our Invoice No. ...
2. May we draw your attention to our statement dated ... for the amount of ... our Invoice No. ... of ... . We enclose a copy.
3. No doubt it is through an oversight on your part that our draft on you for the payment of our Invoice No. ... of ... has not yet been accepted. We trust that you will give this matter your immediate attention.

6. Nous vous retournons sous ce pli votre lettre de change pour la somme de ... revêtue de notre acceptation.

7. La banque ... à ... acceptera votre effet à notre ordre.

8. Nous avons déduit l'escompte habituel de ...% du montant de votre facture.

9. Je suis désolé de ne pas vous avoir réglé plus tôt votre facture.

Accusé de réception

1. Nous vous remercions de votre chèque de ... en règlement de notre facture No. ... en date du ... pour les marchandises qui vous ont été fournies le ..., et vous remettons notre quittance régulière ci-incluse.

2. Nous regrettons de ne pouvoir vous consentir l'escompte que vous avez cru bon de déduire car nous ne livrons nos marchandises qu'à prix nets sans escompte. Nous vous prions donc de reporter la somme en question au crédit de notre compte.

36. PAIEMENTS ARRIÉRÉS

Première lettre de rappel

1. Nous vous prions de bien vouloir nous faire parvenir votre versement en règlement de notre facture No. ...

2. Nous nous permettons d'attirer votre attention sur notre relevé de compte en date du ... se montant à ..., suivant notre facture No. ... du ... . Ci-joint, duplicata du dit relevé.

3. C'est sans doute par suite d'une omission de votre part que notre traite sur vous pour l'acquit de notre facture No. ... du ... n'a pas été acceptée à ce jour. Nous comptons sur votre obligeance pour donner votre attention immédiate à cet arriéré.

Second reminder

1. May we draw your attention to the enclosed statement of your account with us. We feel sure that the fact that its settlement is overdue has escaped your notice and shall be glad to receive your remittance at your earliest convenience.
2. We wish to remind you that   our Invoice No. ... dated ... is still unpaid

    our draft against our Invoice No. ... has not been accepted yet

and ask you to give the matter your immediate attention.

Third reminder

1. We are very sorry not to have received a reply to our letter of ... calling your attention to the fact that our invoice of the ... is still unpaid, although it is ... months overdue. We must request payment of the amount due without further delay.
2. We are surprised to learn that you have not honoured the bill due on the ... . We have instructed our bankers to present it once more.

Final reminder

We much regret to note that we have not received any response to our repeated requests for the outstanding amount of our Invoice No. ... now ... months overdue. In these circumstances we are reluctantly compelled to say that, unless we receive your remittance in full settlement of the outstanding amount of ... by ..., we shall have to take proceedings without further notice.

Deuxième lettre de rappel

1. Nous nous permettons d'attirer votre attention sur le relevé de votre compte ci-annexé. Nous pensons que cet arriéré provient d'un oubli de votre part et nous vous serions obligés de vouloir bien en effectuer le règlement à bref délai.
2. Nous sommes au regret de vous rappeler que notre facture No. ... du ... est encore impayée/que vous n'avez pas encore accepté notre traite pour le montant de notre facture No. ... Aussi devons-nous vous demander par la présente de faire immédiatement le nécessaire à ce sujet.

Troisième lettre de rappel

1. A notre grand regret, nous n'avons pas encore reçu votre réponse à notre lettre du ... par laquelle nous vous avions fait observer que notre facture du ... dernier dont le paiement était déjà en retard de ... mois, était impayée. Elle l'est encore. Nous nous voyons obligés de vous demander de vous acquitter de cette créance sans plus tarder.
2. Nous sommes très surpris d'apprendre que vous n'avez pas accepté notre effet à son échéance du ... Nous avons demandé à notre banque de le présenter de nouveau.

Dernière demande

A plusieurs reprises nous vous avons demandé de bien vouloir nous couvrir du montant de notre facture No. ... dont le règlement est maintenant en retard de ... mois. Nous regrettons beaucoup que votre réponse ne nous soit pas encore parvenue. En cette circonstance, et bien à contre-cœur, nous nous voyons obligés de vous prévenir qu'à moins de recevoir votre remise pour solde de tout compte le ... au plus tard, nous serons contraints d'entamer des poursuites contre vous sans autre préavis.

37. REQUESTS FOR TIME TO PAY

Inability to pay

1. I apologize for not having replied before to your letter of ... requesting me to settle the overdue account/in which you give warning that legal proceedings will be taken owing to my failure to settle the account.
2. I am very sorry that it is quite impossible for me to meet your request at once/to accept your bill/to meet your draft upon me which will be due on ...
3. As trade has been very slack recently,
   As the consignment of ... is still unsold,
   As we have suffered great losses recently,
   we are unable to meet our obligations.
   we must ask you to wait a little longer for the settlement.
4. I deeply regret that you feel bound to contemplate legal action against us/me.

Promise to pay

1. I can assure you that payment will be made as soon as my/our financial position has improved.
2. I have every hope that I shall be able to send you a remittance/to give you a firm assurance concerning the date of final settlement within the next few days/by the end of the month.
3. I shall remit shortly a considerable amount in part payment/half of the amount and pay the balance in monthly instalments.
4. I am sorry I have to ask you to prolong your bill which is due on ... .
5. Please have the bill of exchange presented again on the ... .

37. DEMANDES D'ATERMOIEMENT

Impossibilité de payer

1. Je vous prie de m'excuser de n'avoir pu répondre plus tôt à votre lettre du ... par laquelle vous me demandiez de vous couvrir d'un arriéré de compte/m'avisiez que vous intenteriez des poursuites judiciaires si mon compte chez vous restait impayé.
2. A mon grand regret, je me trouve dans l'impossibilité de vous donner immédiatement satisfaction/d'accepter votre effet/de faire face à votre traite sur moi échéable à ... .
3. Du fait que les affaires se sont beaucoup ralenties dernièrement,
   votre envoi de ... reste invendu,
   nous avons subi récemment de grosses pertes,
   nous regrettons de ne pouvoir remplir nos engagements.
   nous vous demandons de bien vouloir nous accorder un délai de paiement.
4. Je regrette profondément que vous envisagiez d'intenter des poursuites judiciaires contre nous/moi.

Promesse de paiement

1. Soyez assurés que remise vous sera faite aussitôt que ma/notre situation financière se sera améliorée.
2. J'ai tout lieu de penser que je pourrai, avant la fin du mois/d'ici quelques jours, vous faire un versement/vous fixer la date de mon règlement définitif.
3. Je vous verserai sous peu une somme importante en acompte/la moitié du montant de ma créance, dont je vous réglerai le solde par des remises mensuelles.
4. Je regrette d'avoir à vous demander de bien vouloir proroger l'échéance de votre billet, qui échoît le ... .
5. Veuillez présenter de nouveau la lettre de change à l'encaissement le ... .

Replies

1. I am sorry that you are in difficulties at present and I am prepared to wait a little longer for the payment due to me/to allow you a further ... weeks in which to settle the account.
2. We have great difficulties in meeting our own obligations, and we hope you will do your best to settle your account with us. Perhaps you will find it possible, however, to send us a remittance on account.
3. We have instructed our solicitors to recover the outstanding amount without delay. If you have any suggestions to make will you get in touch with ...

Réponses

---

1. Je regrette que vous vous trouviez dans l'embarras en ce moment et je veux bien patienter encore un peu pour le paiement de la somme qui m'est due/vous accorder encore un délai de ... semaines pour le règlement de votre compte.

2. Nous avons nous-mêmes des difficultés à honorer nos échéances. Nous comptons donc sur vous pour vous efforcer de régler votre compte. En tout cas nous espérons que vous pourrez nous envoyer un acompte.

3. Nous avons chargé notre avoué de poursuivre sans délai le recouvrement de votre arriéré. Si vous avez quelque proposition à nous faire, veuillez vous mettre en rapport avec ... à ce sujet.

V
Money and legal matters

Affaires d'argent et de contentieux

38. ACCOUNTS
(see also "Settlement of Accounts" on page 96)

Opening of account

1. As we have done regular business with you for some time now on the basis of payment by letter of credit, we should like to enquire whether you would be willing to grant us an open credit of ... .
2. We are quite willing to agree to your request and are opening a credit of ... in your favour/shall be pleased to do business with you on quarterly credit terms.

Entries

1. Please credit our account with the enclosed draft.
2. We have credited/debited your account with ...
3. There remains a balance in our/your favour of ...
4. Kindly inform us when our account has been credited/debited with this amount.

Statements

1. We should like to know how our account stands.
2. We are sending you with this letter a statement of your account up to ... showing a balance in our/your favour of ... .
3. Our monthly/quarterly statement is enclosed.
4. Thank you for your statement of our account up to ... showing a balance in our/your favour of ... . We have examined it and found it correct. It has been passed to our cashier for settlement/bank for remittance.

38. COMPTES
(Voir aussi: "Règlement de compte", page 97)

Ouverture de compte

1. Depuis déjà un certain temps nous faisons régulièrement des affaires avec votre maison sur la base de paiements par lettres de crédit. Nous aimerions savoir si vous voudriez bien nous accorder un crédit en blanc de ...?
2. Nous sommes tout disposés à accepter votre proposition. En conséquence, nous ouvrons un crédit de ... à votre maison/serons enchantés de traiter avec vous sur la base de règlements trimestriels (à 90 jours).

Ecritures

1. Veuillez nous créditer du montant de la traite ci-jointe.
2. Nous avons porté la somme de ... au crédit/débit de votre compte.
3. Votre compte-courant montre un solde de ... en notre/votre faveur.
4. Lorsque vous aurez crédité/débité notre compte de cette somme, ayez l'obligeance de nous en aviser.

Relevés de compte

1. Nous désirerions savoir l'état de notre compte.
2. Nous vous envoyons ci-joint le relevé de votre compte arrêté au ..., accusant un solde de ... en notre/votre faveur.
3. Veuillez trouver ci-inclus notre relevé mensuel/trimestriel.
4. Nous vous remercions de notre relevé de compte au ... , qui montre un solde de ... en notre/votre faveur. Vérification faite, nous l'avons trouvé conforme à nos écritures. Nous l'avons remis à notre caissier pour règlement/banque pour le transfert de fonds.

Queries

1. With reference to your invoice/statement of the ... we have to point out that
   (a) you have made an error in your total. We calculate the correct figure as ...
   (b) you have shown a discount of only ... %, whereas in your letter of the ... you agreed to ... %.
   (c) you have apparently omitted to credit us with our remittance of the .../the balance of our account amounting to ...
2. On ... you informed us that you were arranging settlement of our account. We have not yet received payment and should be glad if you would kindly look into the matter.

39. BANKING

Cheques

1. Please open a current account for us in the name of ... Together with our cheque for ... we enclose specimen signatures of Mr. ..., the Managing Director and of Mr. ..., the Chief Accountant, either of whom may sign cheques on our behalf.
2. Please stop payment of our cheque No. ... drawn on ... for the amount of ... in favour of ... .
3. A cheque drawn by you for the amount of ... has been returned to us by our bankers marked "words and figures differ". We are returning it herewith and should be glad to receive a corrected cheque.
4. The cheque drawn by you on ... for ... has been returned to us marked "effects not cleared". We assume that some misunderstanding has arisen and shall be glad to have your comments.

Questions

1. En nous référant à votre facture/relevé du ..., nous devons vous signaler que
   (a) vous avez fait une erreur dans le total. D'après nos calculs, celui-ci serait de ...
   (b) vous nous avez escompté ...% seulement bien que dans votre lettre du ... vous nous accordiez ...%.
   (c) vous avez apparemment omis de nous créditer de notre remise du ... /du montant de notre avoir du ...
2. Le ..., vous nous avez avisés que vous preniez vos dispositions pour le règlement de votre compte. Votre remise en couverture ne nous est pas encore parvenue. Nous vous prions de bien vouloir donner votre attention à cet arriéré.

39. OPÉRATIONS BANCAIRES

Chèques

1. Veuillez nous ouvrir un compte-courant au nom de ... . Nous vous remettons ci-inclus notre chèque de ... ainsi que les fiches-spécimens des signatures de notre directeur général, M. ..., et de notre chef comptable, M. ..., tous deux ayant pouvoir de signer les chèques au nom de notre maison.
2. Veuillez arrêter le paiement de notre chèque No. ... d'un montant de ..., tiré le ... en faveur de ...
3. Notre banque nous a renvoyé avec la mention «texte et chiffres diffèrent» un chèque de ... tiré par vous. Nous vous le retournons ci-joint et vous prions de bien vouloir nous le réadresser après rectification.
4. Votre chèque de ..., en date du ..., nous a été retourné revêtu de la mention «effets non liquidés». Nous pensons qu'il s'agit là d'un malentendu et serions heureux de vous lire à ce sujet.

Transfer

1. We have pleasure in letting you know that our bankers ... have been instructed to transfer to you ... in payment for .../in settlement of your invoice.
2. Please transfer the equivalent in sterling/Swiss francs/ Deutschmark of ... to ... in favour ..., debiting it to our account.
3. We have today received through bank remittance the amount of ... the equivalent of ... in your currency.

Drafts

1. We shall be glad if you will kindly arrange for the collection of the enclosed sight draft for ... maturing on ...
2. Please find enclosed, attached to the document, ... bills in duplicate for collection.
3. We should be glad if you would draw on our account for ... on ... at ... days' sight.

Documents against cash

1. We are enclosing documents including the Bills of Lading, Invoice, Insurance Cover and Certificate of Origin to be surrendered to ... against payment of ... .
2. We enclose accepted bill drawn on us by ... and should be glad to receive the shipping documents.
3. In the case of payment being refused, please warehouse the goods, insure against all risks and cable us.

Virements

1. Nous vous informons avec plaisir que notre banque ..., suivant nos instructions, virera à votre compte la somme de ... en paiement de .../en couverture de votre facture.
2. Veuillez virer en livres sterling/francs suisses/Deutschmark la contre-valeur de ... à ... à l'ordre de ... et passer la somme au débit de notre compte.
3. Nous avons reçu ce jour, par chèque bancaire, la somme de ..., soit ... en devises de votre pays.

Traites

1. Veuillez encaisser pour notre compte la traite à vue ci-annexée de ..., à échéance du ...
2. Nous vous remettons sous ce pli, annexés au document, ... effets en double pour encaissement.
3. Nous vous serions obligés de disposer sur nous par une traite de ..., datée du ..., à ... jours de vue.

Paiements contre remise de documents

1. Nous vous adressons sous ce pli les documents d'expédition: connaissements, facture, police d'assurance maritime et certificat d'origine, à remettre à ... contre paiement de ... .
2. Nous vous remettons ci-inclus une traite tirée sur nous par ..., revêtue de notre acceptation, à réception de laquelle vous voudrez bien nous faire parvenir les documents d'expédition.
3. En cas de non-paiement, veuillez entreposer les marchandises, les assurer contre tous risques et nous en aviser par télégramme.

40. INVESTMENTS

Asking advice

1. I wish to invest ... in good securities which yield at least ...%. May I ask your advice?
2. I have done well out of ... which I bought in ... on your advice. Should I sell?
3. I thought of putting some money into ... Is this a good idea?
4. I wish to invest in ... and have in mind shares of the ... company. Would you be good enough to advise me and to quote some present prices and approximate yields.
5. My interest is mainly speculative, but I should be prepared to consider also any attractive investment.

Giving advice

1. This would be the best time to buy/sell ... . They seem to have reached their highest ceiling/rock bottom.
2. A new issue of ... is about to be launched. You may take up ... shares. Their nominal value is likely to be ...
3. They have shown a steady increase during the past year and their dividends have never fallen below ...%.
4. I regard ... as rather risky at the present time/a very good investment.
5. As a speculation the issue seems to merit consideration.
6. I see every/no reason to sell. Unless you are prepared to hold your shares for a considerable time, I should advise you to sell them immediately.
7. As dealings are likely to be brisk we advise you to purchase at once.

40. PLACEMENTS DE FONDS

Conseil demandé

1. Je désirerais placer ... en titres sûrs d'un rapport de ...% au moins. Permettez-moi de vous demander conseil.
2. Les ... que, sur vos conseils, j'ai achetés en ... ont bien avancé. Dois-je maintenant les vendre?
3. J'envisage de placer quelques fonds en ... . Qu'en pensez-vous?
4. J'ai l'intention de faire un placement en ... et je pense aux actions de la société ... Vous seriez fort aimable de me conseiller et de me communiquer les cours actuels ainsi que leurs rendements approximatifs.
5. La spéculation surtout m'intéresse, mais je serais aussi disposé à examiner tout placement qui pourrait être intéressant.

Conseil donné

1. C'est plus que jamais le moment de vendre/d'acheter des .... Il semble bien que ces valeurs aient atteint leur cours le plus haut/le plus bas.
2. Une nouvelle émission de ... sera lancée prochainement. Vous pourriez souscrire à ... actions. Leur valeur nominale sera probablement de ....
3. Ces valeurs, durant l'année écoulée, ont été en hausse régulière, leurs dividendes n'ayant jamais été inférieurs à ...%.
4. Les ... me semblent plutôt hasardeuses en ce moment/offrir un placement des plus intéressants.
5. A titre spéculatif, cette émission mérite, semble-t-il, sérieuse réflexion.
6. A mon avis, il y a tout lieu de/il n'y a pas de raisons pour vendre. A moins que vous ne vouliez détenir vos actions pendant longtemps, je vous conseillerais de les vendre immédiatement.
7. Les valeurs seront sans doute très recherchées, aussi vous conseillons-nous leur achat immédiat.

Instructions

---

1. Please purchase at the best possible rate the following currency/stocks/shares and debit my account accordingly:
2. I am sending you herewith ... shares, which I should be pleased if you would sell at best advantage, but not under ... .
3. I am sending you the certificates of renewal for the ...% State Loan and should be glad if you would procure the new coupon sheets.
4. Enclosed please find ... coupons, total value ..., with which please credit my account.

41. LETTERS OF CREDIT

Opening of an irrevocable letter of credit

---

1. Please open an irrevocable credit of ... in favour of Messrs ... available to them until ... payable against documents in respect of a shipment of ... .
2. Please pay against ... days' sight draft on you.
3. The documents required are bills of lading in duplicate, 3 copies of the commercial invoice, insurance policy, certificate of origin, consular invoice.
4. Please send us the documents immediately after receipt together with your account.
5. Please hand the documents against payment of our invoice in cash to Messrs. ...
6. We have instructed the ... Bank to open an irrevocable credit for ... in your favour, valid until ... The Bank will accept your draft on them at ... days for the amount of your invoice. Please attach the following documents to your draft:

Instructions

---

1. Veuillez acheter au cours le plus intéressant les devises étrangères/obligations/actions suivantes et débiter mon compte en conséquence:
2. Je vous envoie sous ce pli ... actions que je vous saurais gré de bien vouloir vendre le plus avantageusement possible, mais à un cours qui ne soit pas inférieur à ... .
3. Je vous adresse les certificats de renouvellement des obligations Emprunt d'Etat ...%. Je vous serais obligé de bien vouloir m'obtenir les nouvelles feuilles de coupons.
4. Vous trouverez ci-inclus ... coupons d'une valeur totale de ..., que vous voudrez bien porter au crédit de mon compte.

41. LETTRES DE CRÉDIT

Emission d'une lettre de crédit irrévocable

---

1. Veuillez établir une lettre de crédit irrévocable de ..., en faveur de MM. ..., valable jusqu'au ..., ce crédit leur étant payable contre remise des documents d'expédition d'un chargement de ... .
2. Veuillez faire bon accueil à notre traite tirée sur vous à ... jours de vue.
3. Les documents qu'il nous faut sont: les connaissements en double, la facture commerciale en triple, la police d'assurance, le certificat d'origine et la facture consulaire.
4. Veuillez nous envoyer les documents d'expédition à réception des présentes ainsi que votre compte de frais.
5. Contre paiement de notre facture en argent comptant, veuillez remettre les documents d'expédition à MM. ... .
6. Suivant nos instructions, la banque ... ouvrira un crédit irrévocable de ... en votre faveur, valable jusqu'au .... Vous pouvez disposer sur sa caisse par une traite à ... jours du montant de votre facture. Ayez l'obligeance de joindre à votre effet les pièces justificatives suivantes:

7. We have received instructions from ... to open an irrevocable letter of credit in your favour which will be valid until ... You are authorized to draw a ... days' bill on us for the amount of your invoice after shipment has been effected. We shall require you to produce the documents listed below before we accept your draft, which should include all charges:

Ordinary Letter of Credit

1. I intend/Our Mr. ... intends to visit ... in the near future. Please prepare a letter of credit on ... for ... in my/his favour.
2. This letter will be handed to you by ... and I should be grateful if you would give him every possible assistance. You may let him have for our account any sum up to ... . Please debit us including your charges. We annex a specimen of his signature to this letter. Kindly note your payments at the back of this letter.

Circular letter of credit

1. We have issued a circular letter of credit to ... for the amount of ... . Amongst others we have included your name and should be grateful if you would let him have any amount requested within the above limit, bearing in mind any amounts collected until then.
2. Please issue the receipts in duplicate, deducting your expenses.

7. Sur demande de la maison ..., nous avons émis une lettre de crédit irrévocable en votre faveur, valable jusqu'au .... Vous pouvez tirer sur nous une traite à ... jours de vue du montant de votre facture, une fois votre expédition faite. Afin que nous puissions honorer votre traite, laquelle couvrira aussi tous vos frais, les documents détaillés ci-dessous devront nous être présentés:

Lettre de crédit ordinaire

1. Je me/Notre M. ... se propose de visiter bientôt ... Veuillez établir un accréditif de ... sur ... en ma/sa faveur.
2. Cette lettre vous sera remise par M. ... Je vous serais reconnaissant de bien vouloir lui rendre service dans la mesure du possible. Vous lui verserez pour notre compte toute somme jusqu'à concurrence de ... dont vous nous débiterez sous déduction de vos frais. Un spécimen de sa signature est ci-annexé. Nous vous prions de noter vos versements au fur et à mesure au verso de la présente.

Lettre de crédit circulaire

1. Nous avons émis une lettre de crédit circulaire de ... en faveur de M. ... Parmi les noms y figurant nous avons inclus le vôtre et nous vous saurions gré de bien vouloir lui remettre toute somme qu'il vous demandera jusqu'à concurrence du montant indiqué ci-dessus, compte tenu des versements déjà effectués.
2. Veuillez établir les reçus en double, déduction faite de vos frais.

42. AGREEMENTS

Covering letter

We have set out our arrangements in a formal agreement which we are enclosing, signed, with this letter.

If the terms of the agreement meet with your approval we should be glad if you would return one copy duly signed to us.

Agency agreement

We, the undersigned, ... have appointed Mr. ... of ... as our representative for ... under the following conditions:
1. Mr. ... undertakes to obtain orders in our name and for our account at the prices and conditions quoted by us.
2. We undertake to allow Mr. ... a commission of ...% on all orders transmitted by him and to reimburse him for all expenses incurred.
3. Mr. ... agrees not to represent any competitive firm during the period for which this agreement remains valid.
4. This agreement becomes valid on the date of signature and may be terminated by either party subject to ... months' notice.

Collection of royalties

An agreement made the ... day of ... between ... of ... (hereinafter called "the Author" and the COPYRIGHT PROTECTION SOCIETY of ... (hereinafter called "the Society"):
1. The Author hereby appoints the Society as his/her Sole Agent for the collection of all fees, royalties or other sums of money that may now be payable or at any time hereafter may become payable to the Author in respect of the copyright of his/her works.

42. CONTRATS

Lettre de couverture

Nous avons établi le contrat, conformément à notre accord, et vous le remettons ci-joint dûment signé par nous.

Si vous êtes d'accord sur les conditions de ce contrat, nous vous prions de bien vouloir nous en retourner un exemplaire revêtu de votre signature.

Contrat de représentation

Nous soussignés ... nommons M. ..., domicilié à ..., notre représentant pour le/la/l' ... aux conditions suivantes:

1. M. ... aura pour tâche d'obtenir des commandes au nom et pour le compte de notre maison aux prix et conditions fixés par nous.
2. Nous nous engageons à verser à M. ... une commission de ...% sur toutes les commandes qu'il nous transmettra et à lui rembourser tous ses frais.
3. M. ... s'engage à ne représenter aucune maison concurrente durant la validité du présent contrat.
4. Ce contrat entrera en vigueur à dater du jour de la signature. Il est résiliable de part et d'autre avec un préavis de ... mois.

Recouvrement des droits d'auteur

Par le présent contrat fait le ... entre M./Mme/Mlle ..., domicilié(e) ... (ci-après dénommé(e) «l'Auteur») et la COPYRIGHT PROTECTION SOCIETY, domicilée à ... (ci-après dénommée «la Société»), il a été convenu ce qui suit:

1. L'Auteur par les présentes nomme la Société comme son agent exclusif pour le recouvrement de tous honoraires, droits d'auteur et toutes autres sommes d'argent qui pourraient lui être dûs à la date du présent contrat ou qui, à partir de cette date, pourront être dûs à l'Auteur en raison du droit d'auteur applicable et lui revenant sur ses œuvres.

2. In consideration of the services to be rendered by the Society to the Author, the Author hereby agrees for the Society to retain as a commission a sum equivalent to ...% of all sums of money collected by the Society on his/her behalf.
3. The Society hereby undertakes to render to the Author accounts of fees collected on his behalf in April and in October every year. Such accounts shall contain all necessary information and details showing the gross amount received by the Society during the period under account. Such accounts shall be sent to the Author with a remittance for a sum equivalent to the total amount shown by such account to have been received by the Society less the above mentioned commission.

43. LEGAL PROCEEDINGS

Instructions to the plaintiff's solicitors

1. We are indebted for your name and address to the ... Consul in ... and should like to request you to enter an action against ... concerning the recovery of a claim for ...
2. You will learn the precise facts from the enclosed documents.
3. In support of our claim we wish to draw your attention to the following points:
4. If you require further particulars we shall be pleased to supply them.
5. We enclose power of attorney which has been endorsed.

Instructions to the defendant's solicitors

1. We should be glad if you would act for us in the case brought against us by ... .

2. En considération des services que la Société rendra ainsi à l'Auteur, celui-ci s'engage par les présentes à attribuer à la Société, à titre de commission, une somme égale à ... % prélevée sur toutes sommes d'argent et redevances que la Société aura encaissées au nom de l'Auteur.

3. La Société s'engage par les présentes à rendre compte à l'Auteur des sommes qu'elle aura ainsi encaissées pour lui, en avril et en octobre de chaque année. Au dit relevé de compte figureront tous les renseignements et détails nécessaires et il indiquera le montant total brut des sommes reçues par la Société au cours de l'exercice qu'il couvrira. Chaque relevé de compte sera envoyé par la Société à l'Auteur accompagné d'une remise d'un montant égal au montant total des sommes encaissées par la Société et tel que le compte l'établira, moins la commission prévue ci-dessus stipulée.

43. POURSUITES JUDICIAIRES

Instructions au représentant légal du demandeur

1. Le consul de ... à ... a bien voulu nous donner vos nom et adresse. Nous désirerions que vous vous chargiez d'intenter en notre nom un procès à ... pour le recouvrement d'une créance de ...

2. Les documents ci-joints vous fixeront sur l'object du litige.

3. A l'appui de notre réclamation, nous attirons tout particulièrement votre attention sur les points suivants:

4. Nous vous fournirons très volontiers, sur demande, tous renseignements complémentaires que vous pourriez désirer.

5. Nous vous remettons sous ce pli une procuration dûment certifiée.

Instructions au représentant légal du défendeur

1. Nous serions très contents si vous vouliez bien représenter nos intérêts dans l'action qui nous est intentée par ... .

2. We enclose the documents referring to this case together with a statement of our views on this matter.
3. As you will see from these documents, our conduct has been correct and in accordance with legal requirements.
4. We shall be glad, therefore, if you will make application to the Court to decline the request of the plaintiff.

Request for payment

A claim against you has been placed in my hands for collection by Messrs. ... If you propose to settle it, I shall be pleased to receive the amount due by the ... at the latest. Otherwise I should be grateful if you would kindly refer me to your Solicitors.

Solicitor's advice of judgment

1. Your action against Messrs. ... was heard on the ... and I am glad/sorry to say that the judgment is/not favourable to you.
2. The principal points in support of the judgment were as follows:
3. Should you wish to appeal you must notify us by return as the term of appeal expires on ...
4. In my opinion there is considerable/little hope of obtaining a reversal of the court's decision.

2. Nous vous remettons ci-annexé le dossier de cette affaire ainsi qu'un exposé de notre point de vue la concernant.
3. Vous verrez, d'après ces documents, que nous avons toujours agi correctement et conformément à la loi.
4. Nous vous prions donc, par les présentes, de faire requête en notre nom au tribunal de débouter le plaignant de sa demande.

Demande de règlement

Messieurs ... m'ont chargé de faire le recouvrement d'une créance dont vous leur êtes redevables. Si vous avez l'intention de l'acquitter, je compte sur vous pour me faire parvenir votre envoi de fonds le ... au plus tard. Faute de quoi, vous voudrez bien aviser votre avoué de se mettre en rapport avec moi à ce sujet.

Avis de jugement rendu

1. Votre procès avec Messieurs ... a été entendu le ... J'ai le plaisir/le regret de vous faire savoir que le jugement a été/n'a pas été rendu en votre faveur.
2. Les principaux attendus qui ont motivé le jugement du tribunal sont les suivants:
3. Dans le cas où vous voudriez interjeter appel, vous devez nous le notifier par retour du courrier car le délai obligatoire pour cette interjection expirera le ...
4. A mon avis, il y a beaucoup/peu d'espoir d'obtenir que le tribunal rescinde son jugement.

VI

Packing, transport and insurance

Emballage, transport, assurance

44. PACKING

Description

1. We supply the ... in strong export cases/cartons/boxes/crates/ sacks/containers.
2. The ... are supplied in strong drums/tins/barrels/casks/carboys.
3. All cases/boxes/bags have an inner lining of stout waterproof material.
4. The ... will be packed in strong/light-weight crates of ... length and ... girth.
5. The ... will be packed in bundles, wrapped in waterproof material and secured by metal bands.
6. The lids will be sealed with adhesive tape.

Instructions

1. Containers   are not to exceed the following measurements:
   must be tin (zinc)-lined.
   must be nailed and secured by metal bands.
   must be clearly marked "..." and numbered con- secutively.
   must be marked both "FRAGILE" and "THIS SIDE UP".
2. Please make our order up into bales of ... each covered with waterproof fabric, suitably packed for conveyance by sea.
3. Please limit the weight of any one carton/container to ... and mark "AIR FREIGHT".
4. Please wrap each article separately in soft material.
5. Handles should be fixed to the cases to facilitate carrying.
6. All polished parts are to be wrapped and padded.

44. EMBALLAGE

Description

1. Nous livrons/expédions les ... emballé(e)s en solides caisses/cartons/boîtes/caisses à claire-voie/sacs/contenants pour l'exportation.
2. Les ... sont livré(e)s dans de solides tonnelets/bidons/barils/fûts/bombonnes.
3. Toutes les caisses/boîtes/Tous les sacs ont un fort doublage imperméable.
4. Les ... seront emballé(e)s en caisses solides/légères à claire-voie de ... de longueur et de ... de tour.
5. Les ... seront mis(es) en ballots qui seront enveloppés dans une toile imperméable et renforcés de rubans d'acier.
6. Les couvercles seront scellés au moyen de ruban adhésif.

Instructions

1. Les contenants ne seront pas de dimensions supérieures à ...
   doivent être doublés de fer-blanc (zinc)
   seront cloués et renforcés de rubans d'acier.
   seront clairement marqués «...» et consécutivement numérotés.
   seront tous revêtus des deux mentions: «FRAGILE» et «DESSUS».
2. Veuillez exécuter notre commande en balles de ..., qui seront toutes recouvertes de tissu imperméable et dans un emballage convenant au transport maritime.
3. Veuillez bien noter que chacun des cartons/contenants ne doit pas peser plus de ... et doit porter la mention: «EXPÉDITION PAR AVION».
4. Veuillez envelopper chaque article séparément dans une étoffe souple.
5. Les caisses devront être munies de poignées pour en faciliter le port.
6. Toutes les parties polies seront enveloppées et rembourrées.

Charges

---

1. The cases are (not) returnable.
2. If not returned to us by ... the cases are charged to you at ... each.
3. The enclosed invoice shows a charge of ... each for cases/barrels.
4. This amount will be credited to you if you return the empty ... to us.
5. Please return the empty ..., carriage forward, to our depot.
6. Please debit us with cartage between the airport and the firm's depot.

45. TRANSPORT

Enquiries

---

1. Please let us know the current freight rates for air/sea/rail/road transport.
2. We have an order for the dispatch of ... from ... to ... and should be glad to know your lowest rate.
3. As the goods are very bulky and not immediately required they can be sent by inland waterways.
4. As the goods are neither heavy nor bulky, they can be sent by air.
5. Please let us know the difference in rates between transport by goods train and passenger train.
6. We should be glad if you would quote a rate for ... cases measuring ... by ..., to be shipped to ... by S/S "Herbert" leaving for ... on the ...
7. Will you please let us know whether there is in your harbour a vessel loading for ... that could take on a cargo of ... which has to be at ... by the ....

Facturation

---

1. Les caisses sont (ne sont pas) consignées.
2. Si les caisses ne nous sont pas retournées le ... au plus tard, elles vous seront facturées à raison de ... par caisse.
3. La facture ci-jointe montre qu'une somme de ... vous a été comptée par caisse/baril.
4. Nous vous créditerons de ce montant pour chaque ... vide que vous nous retournerez.
5. Veuillez retourner les ... vides, port dû, à notre dépôt.
6. Veuillez nous débiter des frais de camionnage de l'aéroport à notre dépôt.

45. EXPÉDITION

Demande de renseignements

---

1. Veuillez nous indiquer les tarifs courants de transport par voie aérienne/maritime/ferrée/routière.
2. Nous avons une commande de ... à expédier de ... à destination de ... et désirerions connaître votre tarif le plus avantageux.
3. Les marchandises étant volumineuses et leur livraison sans urgence, elles peuvent être transportées par voie fluviale.
4. Les marchandises n'étant ni lourdes ni encombrantes elles peuvent être expédiées par avion.
5. Veuillez nous renseigner sur la différence de prix entre le transport en grande vitesse et en petite vitesse.
6. Veuillez nous soumettre votre cotation pour l'expédition de ... caisses mesurant ... de long sur ... de large, à destination de ..., à embarquer sur le vapeur «Herbert» en partance pour ... le ...
7. Veuillez nous faire savoir s'il y a dans votre port un navire en chargement pour ... et qui pourrait embarquer une cargaison de ..., attendue à ... le ... au plus tard.

Replies

1. We can ship your consignment by S/S "..." closing for cargo on ... at the following rate:
2. Freight rates are very high at present as few ships are available. The net freight amounts to ... .
3. We can include your consignment of ... in our next flight/shipment to ... The departure will be on ... .
4. The difference in freight rates between goods train and passenger train is so great that we should like to suggest road transport.

Instructions

1. Please deliver the goods to our forwarding agent's warehouse/ the cargo depot at ... Airport.
2. Please receive and ship on board the S/S "..." sailing for ... the following goods:
3. The goods are to be shipped by the first available vessel to ... . We shall deliver f.o.b. All other charges are to be paid by the consignee.
4. We enclose Bill of Lading, Consignment Note with three copies of Commercial Invoices, Certificate of Origin, Import Licence.
5. We have consigned to ..., to your order, by rail, the following goods:

46. FORWARDING AGENT

Request for instruction

1. We have received from ... the following goods and have been instructed to hold them at your disposal.
2. We have been advised by ... of the dispatch of the goods mentioned below, which are expected to arrive in ... on ... .

Réponses

1. Nous pouvons expédier vos marchandises sur le vapeur «...» qui terminera son chargement le ... au prix de fret suivant:
2. Les prix de fret sont actuellement très élevés du fait que peu de navires sont disponibles. Le montant net du fret est de ... .
3. Nous pouvons envoyer votre chargement de ... dans nos prochaines expéditions par transport aérien/par voie maritime, à destination de ... Départ le ... .
4. La différence entre les frais de transport en grande vitesse et en petite vitesse est si importante que nous nous permettons de vous conseiller les transports routiers.

Instructions

1. Veuillez livrer les marchandises aux magasins de notre transitaire/au dépôt de marchandises à l'aéroport de ...
2. Veuillez prendre livraison et mettre à bord du vapeur «...» en partance pour ... les marchandises détaillées ci-dessous:
3. Les marchandises seront embarquées sur le premier navire disponible partant pour ... . Nous les livrerons F.à B. Tous les autres frais sont à la charge du destinataire.
4. Nous vous adressons ci-inclus le connaissement, le bordereau d'expédition ainsi que les factures commerciales en triple, le certificat d'origine et la licence d'importation.
5. Nous avons consigné à ..., pour votre compte, par voie ferrée, les marchandises suivantes:

46. TRANSITAIRE

Demande de directives

1. Nous avons reçu de ... les marchandises suivantes et, conformément à nos instructions, nous les tenons à votre disposition.
2. Nous sommes avisés par ... de l'expédition des marchandises détaillées ci-dessous, dont l'arrivée est attendue à ... le ...

Packing, transport and insurance

3. The consignment of which you advised us on ... has arrived. We are awaiting your further instructions.
4. As we had not received any instructions from you we had to warehouse the goods, otherwise the railways would have returned the consignment.
5. Please let us have your forwarding instructions for this consignment.

Instructions

1. We should be glad if you could collect ... cases of ... and deliver to ... .
2. We have today sent by rail to your address the goods specified below, which please warehouse until further notice/forward by next available steamer to ... .
3. Please insure the goods and charge us with the cost of insurance.
4. The costs of insurance and freight are to be charged to the consignee.
5. Please advise us as soon as the goods arrive and keep them in your warehouse until further notice.
6. Will you please pay the forwarding/warehouse charges and charge them to our account.
7. As some of the goods are urgently required, please forward three cases by air and the remainder by goods train.
8. Please stop delivery and await our further instructions/return the goods to us in the cheapest way possible.
9. Please lodge a claim for damages with the proper authorities/the insurance company.

Instructions carried out

1. In accordance with your instructions we have shipped the goods by SS "..." to .../delivered the cases to ...

3. L'expédition dont vous nous avez avisés le ... est arrivée. Nous attendons vos instructions complémentaires.

4. Sans autres instructions de votre part, nous avons dû emmagasiner les marchandises, sinon les chemins de fer vous les auraient réexpédiées.

5. Veuillez nous envoyer vos instructions concernant l'expédition de ce chargement.

Instructions

1. Vous voudrez bien retirer ... caisses de ... et les livrer à ... .

2. Nous avons expédié aujourd'hui à votre adresse les marchandises dont détail suit et que nous vous prions d'emmagasiner jusqu'à nouvel avis/d'embarquer sur le premier vapeur disponible en partance pour ... .

3. Veuillez assurer les marchandises et nous débiter les frais d'assurance.

4. Les frais d'assurance ainsi que le montant du fret sont à facturer au destinataire.

5. Veuillez nous prévenir immédiatement de l'arrivée des marchandises et les garder dans votre entrepôt jusqu'à nouvel avis.

6. Vous voudrez bien régler les frais d'expédition/de magasinage et les porter à notre débit.

7. Une partie des marchandises étant requise d'urgence, veuillez expédier trois caisses par avion et les autres par petite vitesse.

8. Veuillez suspendre la livraison des marchandises et attendre nos nouvelles instructions/nous les réexpédier par la route la plus économique.

9. Veuillez adresser en bonne forme une demande d'indemnité aux autorités compétentes/à la compagnie d'assurances.

Instructions remplies

1. Conformément à vos instructions, nous avons embarqué les marchandises sur le vapeur «...» à destination de .../nous avons livré les caisses à ...

2. We enclose a statement of expenses for the goods forwarded/ warehoused on your behalf and we should be glad to have your cheque in settlement.

47. MOVEMENT OF GOODS

Advice to consignee

1. We have consigned today to your address the following goods by S/S "..." scheduled to arrive at ... on ...
2. The insurance will be effected by the shipping agents.
3. The cases/containers have been marked and numbered as follows:
4. Particulars of weights and measurements have been given on the enclosed sheet.
5. The shipping documents have been handed to the ... Bank with sight draft for ... .
6. As soon as the bills of lading have arrived from the shipowners, they will be airmailed to you on consecutive airmail days together with the commercial invoices and insurance certificates.

Non-arrival of goods—Goods damaged in transit

1. We have not yet received the consignment of ..., the dispatch of which you notified us on ... Will you please look into this immediately.
2. A consignment of ... addressed to ... on ... has not yet been received. The goods were handed in at ... Station/Cargo Depot on ... and the number of the receipt is ... .
3. Three boxes were missing from the consignment delivered to us today. The airline/shipping company/railway authorities/haulage contractors promised to inquire into the matter at once.

2. Nous vous adressons ci-joint la note de frais relative à l'expédition/au magasinage des marchandises pour le compte de votre maison et nous vous serions obligés de bien vouloir nous envoyer votre chèque en règlement.

47. TRANSPORT DE LA MARCHANDISE

Avis au destinataire

1. Nous avons expédié aujourd'hui à votre adresse les marchandises dont détail suit, par le vapeur «...», qui doit arriver à ... le ... .
2. L'agent maritime effectuera l'assurance de la cargaison.
3. Les caisses/contenants sont marqué(e)s et numéroté(e)s comme suit:
4. Les poids et les dimensions sont détaillés sur la déclaration d'expédition ci-jointe.
5. Les documents relatifs à l'expédition ont été remis à la Banque ... avec une traite à vue de ...
6. Dès que les connaissements auront été reçus des armateurs ils vous seront adressés par poste aérienne chaque jour de départ d'avion ainsi que les factures et polices d'assurance.

Retards de livraisons—Avaries de route

1. Nous n'avons pas encore reçu l'envoi de ... dont vous nous avez annoncé l'expédition le ... Veuillez rechercher immédiatement la cause de ce retard.
2. Une expédition de ... adressée à ... le ... n'a pas encore été livrée. Les marchandises ont été remises en gare .../au dépôt des cargaisons ... le ...; le numéro du récépissé est ... .
3. Trois boîtes sont manquantes du chargement qui nous a été livré aujourd'hui. Le service de transports aériens/La compagnie de navigation/Le service compétent des chemins de fer/ L'entrepreneur de transports a promis de s'en occuper immédiatement.

Packing, transport and insurance

4. On the ... we handed in at ... Post Office ... parcels addressed to ... They have so far not reached their destination and we shall therefore be glad if you will make the necessary inquiries. We enclose the Certificate of Posting.
5. We are sorry to tell you that ... cases forming part of a consignment of ... from ... to ... and covered by your Receipt No. ... were found on arrival to be damaged. As the consignment was sent at Company's risk we should be glad to have your remittance for ... representing the value of the cases as shown by the enclosed invoice.

Customs

1. We had to pay a customs fine of ... as we had no certificate of origin/as only the weight of the cases, and not their measurements, was mentioned in the invoice.
2. Please arrange for the goods to be put into a bonded warehouse so that we may pass them through the customs as required.

48. CHARTERING A VESSEL

Enquiry

1. We should be glad to know how much the charter of a steamer with ... tons displacement would cost for the transport of ... from ... to ... .
2. If the rate is favourable will you telex us at once.
3. Will you please submit a list of available vessels.
4. We should be glad if you can charter for us a vessel of about ... tons to convey a cargo of ... from ... to ... .

4. Le ..., nous avons remis au Bureau des Postes ... ... colis adressés à ... . Ils n'ont pas encore été livrés au destinataire. Nous vous envoyons ci-inclus le reçu de la poste et vous serions obligés de bien vouloir faire les recherches nécessaires.
5. Nous regrettons de vous informer que ... des caisses composant un chargement de ... expédié à ... suivant votre récipissé No. ..., étaient abîmées à l'arrivée. L'expédition ayant été effectuée aux risques et périls du chargeur, nous vous prions de bien vouloir nous faire parvenir votre versement de ..., valeur des caisses endommagées, selon détail de la facture ci-incluse.

Douane

1. Nous avons dû payer à l'administration des douanes une amende de ... du fait que nous ne possédions pas de certificat d'origine/que la facture n'indiquait pas les dimensions des caisses mais seulement leur poids.
2. Veuillez vous charger de mettre les marchandises dans un entrepôt afin que nous puissions, le moment venu, les passer en douane.

48. L'AFFRÈTEMENT D'UN NAVIRE

Demande de renseignements

1. Veuillez nous faire connaître ce que coûterait l'affrètement d'un vapeur d'un déplacement de ... tonnes pour le transport de ... chargés à ... à destination de ... .
2. Si le taux de fret est intéressant, télexez-nous immédiatement.
3. Veuillez nous transmettre une liste des navires disponibles.
4. Nous voudrions bien que vous affrétiez pour notre compte un navire de ... tonnes environ pour le transport d'une cargaison de ... partant de ... à destination de ... .

Offer

1. We can charter for you S/S "Hermes" which at present is unloading a cargo of ... at ... .
2. The shipping of ... from ... to ... will be charged at ... per ton with ... lay days both for loading and discharging.
3. Demurrage will be at the rate of ... per day.
4. Should this offer meet with your approval, please let me have three copies of the charter party so that I can give the captain the necessary instructions.
5. We are sending a list of several available vessels.
6. On hearing which of them you are considering we shall go on board and make a thorough examination.

Instructions

1. Please charter S/S "Hermes" on the conditions laid down in your letter of ... .
2. We are sending you a letter with the necessary instructions for the captain.
3. Mr. ... has told us that he has chartered your vessel on our behalf to convey a cargo of ... from ... to ... We shall start loading her on ... and as soon as she has taken her cargo on board will you proceed to ... where you will apply to ... concerning discharge.

Return journey

1. We have put in at ... to take on a cargo of ... .
2. As we could not obtain a cargo for the return journey we have taken on ... in ballast.

Offres

1. Nous pourrions vous affréter le vapeur «Hermès», qui décharge actuellement une cargaison de ... dans le port de ... .
2. Le prix du fret relatif à l'expédition de ... embarqués à ... à destination de ... sera de ... par tonne avec ... jours de planche pour le chargement et le déchargement.
3. Les surestaries seront facturées à raison de ... par jour.
4. Si cette offre vous convient, veuillez m'envoyer la charte-partie en trois exemplaires pour que je puisse donner toutes instructions utiles au capitaine du bâtiment.
5. Nous vous envoyons les noms de plusieurs navires disponibles.
6. Dès que nous saurons celui qui vous intéresse, nous irons à bord pour l'inspecter consciencieusement.

Instructions

1. Veuillez affréter le vapeur «Hermès» aux conditions fixées dans votre lettre du ... .
2. Nous vous adressons une lettre qui contient les instructions nécessaires à l'intention du capitaine du bâtiment.
3. Monsieur ... nous a informés qu'il a affrété pour notre compte votre navire pour le transport d'une cargaison de ... du port de ... à destination de ... Nous commencerons à le charger le ... et, dès que la cargaison sera embarquée, vous ferez route pour ... où vous demanderez à la Maison ... toutes instructions utiles pour le déchargement.

Voyage de retour

1. Nous avons fait escale à ... pour embarquer une cargaison de ... .
2. N'ayant pu obtenir de cargaison de retour, nous avons embarqué ... pour faire le lest.

49. INSURANCE

Enquiry

1. Will you please quote us a rate for an all-risks insurance on a shipment of ... from ... to ... by S/S of the "..." Line. The invoice value is ... .
2. Please enquire for the terms at which we can insure there a shipment of ... from ... to ... The goods are at present in the warehouse of the forwarding agents.
3. We are making regular shipments of ... to ... and should be glad to hear whether you would be prepared to issue an open policy.

Quotation

1. We are prepared to insure the consignment in question at the rate of ... .
2. We have received quotations from various insurance companies and are able to obtain the required insurance at ...%.
3. Owing to the risk of ... we cannot accept the insurance at the ordinary rate.
4. It would be to your advantage to have average/particular average cover.

Instructions

1. Please effect the following insurance against all risks for ...
2. Please insure the consignment with a good company at the lowest possible charge.
3. The insurance is to include all risks of transshipment.
4. We shall be glad if you will effect the insurance for the invoice value plus ...%. The premium is to be charged to the consignees.

49. ASSURANCE

Demande de renseignements

1. Veuillez nous fournir vos tarifs pour l'assurance contre tous risques d'une expédition de ..., départ de ... sur le vapeur «...» de la compagnie de navigation ..., à destination de ... Le montant de la facture est de ... .
2. Veuillez vous renseigner sur les conditions dans lesquelles nous pourrions assurer sur place une expédition de ..., chargée à ..., à destination de ... Les marchandises sont actuellement dans l'entrepôt du transitaire.
3. Nous effectuons régulièrement des expéditions de ... pour ... et désirerions savoir si vous êtes disposés à établir une police d'assurance ouverte.

Offres

1. Nous pouvons assurer l'expédition susdite au taux de prime de ... .
2. Nous avons reçu des offres de diverses compagnies d'assurances et nous pouvons contracter l'assurance en question au tarif de ...%.
3. En raison du risque de ..., nous regrettons de ne pouvoir accepter l'assurance au tarif normal.
4. Vous auriez tout intérêt à vous couvrir par police d'assurance d'avaries grosses/particulières.

Instructions

1. Veuillez nous faire établir la police d'assurance contre tous risques suivante pour une valeur de ... .
2. Veuillez assurer l'expédition auprès d'une compagnie réputée dans les meilleures conditions possibles.
3. L'assurance couvrira aussi tous les risques de transbordement.
4. Vous voudrez bien effectuer l'assurance du montant de la facture plus ...%. La prime sera payable par le consignataire.

Claims

1. On ... S/S "..." arrived here with a consignment of ... on board, the insurance of which was covered by your company. On inspection of the cases we found that ... were damaged by sea water. We estimate the damage caused at ... and enclose copies of the report of the survey carried out as soon as the damage was noted.
2. We have lodged a claim for damages with the insurance company. They are of the opinion that the damage was caused through careless packing.
3. The insurance company has come to an arrangement with the shipping company according to which each will pay half the damage caused.

Réclamations

1. Une expédition de ... arrivée ici le ... à bord du vapeur «...» est couverte par une police d'assurance contractée avec votre compagnie. A l'examen des caisses, nous nous sommes aperçus que ... étaient avarié(e)s par l'eau de mer. Nous évaluons les dégâts ainsi causés à ... et vous remettons sous ce pli le constat d'avarie qui a été aussitôt dressé.
2. Nous avons adressé à la compagnie d'assurances une réclamation en règle pour indemnité d'avaries. Elle estime que celles-ci sont dues à un emballage défectueux.
3. La compagnie d'assurances et la compagnie de navigation ont convenu d'effectuer le règlement de ce dommage à raison de 50% chacune.

VII

Business relations

Relations d'affaires

50. TRAVEL

Enquiries

1. I wish to fly to ... on ... 1st/tourist class. If no flights are available on that day please let me know the first available dates.
2. I should like to book a cabin/tourist class passage to ... on the "..." sailing on ... . If fully booked, please let me know what alternatives you can offer.
3. I should like to reserve a passage on ... for myself and my car on the Dover-Ostend car-ferry. My car is a ... and weighs ... . Its dimensions are ... .

Reservation

1. Please reserve two seats, first/second class, in a smoking/non-smoking compartment on the 10.35 a.m. train from ... to ... on Friday, August 21st. I enclose a cheque for ... to cover tickets and reservation fee.
2. Please reserve a seat with XYZ Airways on the plane leaving ... Airport for Munich on Wednesday the 23rd of January, at 2.15 p.m. and return on Friday the 1st of February by the first available flight, preferably in the early afternoon.
3. We have tried to make reservations with XYZ Airways for the 23rd of January and return on the 1st of February. Although the return reservation has been made, there is great difficulty in obtaining a reservation to Munich on the 23rd of January because of the winter sports season. We have therefore made a preliminary reservation on PQR Airways Flight 123, the only available flight on that day, leaving ... Airport at 17.15 hours, arriving at Munich at 20.30 hours. The additional time is due to the fact that the route via Frankfurt and Nuremberg is longer.

50. VOYAGES

Demandes de renseignements

1. Je désire prendre l'avion pour ... le ... en 1ère classe/touriste. S'il n'y avait pas de départ ce jour-là, ayez l'obligeance de m'indiquer les dates des plus prochains vols.
2. Je désirerais retenir une cabine de 1ère classe/un passage en touriste sur le «...», qui partira le ... pour ... Si toutefois vous n'en aviez plus de disponible, veuillez me donner quelques alternatives.
3. Je désirerais prendre passage avec ma voiture sur le ferry-boat Douvres/Ostende le ... Ma voiture est une ... Son poids est de ... kilos et ses dimensions sont les suivantes: ...

Réservation

1. Veuillez me réserver deux places de première/seconde classe, compartiment Fumeurs/Non-fumeurs, dans le train de 10h.35 gare de ... pour ... le vendredi 21 août prochain. Je vous remets ci-inclus mon chèque de ... en paiement des deux billets avec réservation.
2. Veuillez me réserver une place sur un avion de la ligne XYZ, départ de l'aéroport de ... mercredi 23 janvier à 14h. 15, pour Munich; et retour vendredi le 1er février sur le premier vol disponible, de préférence au début de l'après-midi.
3. Nous avons essayé de vous retenir une place sur un avion de la ligne XYZ, départ le 23 janvier, retour le 1er février. Nous avons pu obtenir la réservation de retour, mais il est très difficile d'obtenir l'aller pour Munich, le 23 janvier, du fait de la saison des sports d'hiver. Nous avons donc fait une réservation préliminaire sur le vol 123 de la ligne aérienne PQR, le seul vol disponible ce jour-là, départ de l'aéroport de ... à 17h. 15, arrivée à Munich à 20h. 30. La durée du vol est un peu plus longue, la distance via Francfort et Nuremberg étant supérieure.

Motoring

1. I shall be travelling to ... next month. Would you advise me to take my own car or is it preferable to hire one there? My car is a ... and I wonder whether it would be possible to obtain spare parts for it if necessary.
2. Please let me know what the garage and petrol costs are in ... .
3. I am planning an extensive business trip in ... and would be interested in hiring a self-drive car, preferably a ... . Please let me have details of the type of car available and your charges.

51. ACCOMMODATION

Enquiries

1. I am proposing to visit ... and ..., and should be grateful if you could recommend to me hotels in these towns.
2. I should be most grateful for your help in obtaining hotel accommodation for my wife and myself. We require a double room with bathroom from Thursday, 29th March, to the morning of Sunday, 1st April. We have been recommended the ... and ... hotels and should be grateful if you would make the reservation in whichever seems to you the most suitable.
3. My wife and I intend to spend a few days at ..., arriving on the 3rd of June. I shall be glad to know whether you can reserve a room for us, if possible with private bathroom. Please let me also know your charges.
4. Would you please let us know whether your hotel can accommodate 18 members of our staff in single or twin-bedded rooms for 5 days from the 9th of May? If you cannot accommodate all of them, will you please tell us how many you could take?
5. Would you please let me know what your terms are for a single/double/twin-bedded room with private bath?

Voyages en automobile

1. Je me rendrai le mois prochain en/au .... Me conseilleriez-vous d'y aller dans ma propre voiture ou serait-il préférable d'en louer une là-bas? J'ai une ..., et je me demande si j'y trouverais les pièces de rechange au besoin?
2. Veuillez me renseigner sur le prix de l'essence et les frais de garage en ...?
3. Je prépare une importante tournée d'affaires en ... et je pense louer une voiture sans chauffeur, de préférence une ... . Ayez l'obligeance de me renseigner sur les modèles disponibles et vos prix de location.

51. LOGEMENT

Demandes de renseignements

1. J'ai l'intention de visiter ... et ... Je vous serais obligé de bien vouloir me recommander de bons hôtels dans ces deux villes.
2. Je vous serais reconnaissant de bien vouloir me faciliter la réservation d'une chambre d'hôtel pour ma femme et moi. Je désirerais une chambre à grand lit avec salle de bain du jeudi 29 mars au dimanche matin 1er avril prochain. On nous a recommandé l'hôtel ... et l'hôtel ... Je vous saurais gré de faire une réservation en mon nom à celui qui vous semble le meilleur.
3. Ma femme et moi avons l'intention de passer quelques jours à ... à partir du 3 juin prochain. Ayez l'amabilité de me faire savoir si vous pouvez nous réserver une chambre, si possible avec salle de bain, et de m'indiquer vos prix.
4. Nous vous serions reconnaissants de bien vouloir nous faire savoir si vous pourriez disposer de chambres à un et deux lits pour dix-huit de nos employés, pour cinq jours à partir du 9 mai prochain. Si vous n'aviez pas assez de chambres libres, pourriez-vous nous dire combien de nos employés vous seriez à même de loger?
5. Veuillez me faire connaître votre prix de location d'une chambre à un lit/à grand lit/à deux lits avec salle de bain.

Bookings

1. Your hotel has been recommended to me by ... and I shall be glad if you will reserve me a single/double room with/without private bath from ... .
2. We shall be glad if you will reserve a room for our Managing Director, Mr ..., for the nights 17th to 21st of April. A room will also be required for his chauffeur. Please let us have your confirmation.
3. I have been given your address by Mr ..., a friend of mine who stayed with you during the exhibition last year. I should be glad if you could let me have a room from ... until ... . I should like, if possible, a back room.

Replies

1. This is to confirm that we have booked a double/single room for you for ... days from the ... .
2. We very much regret that all our rooms are already booked until the ... .

52. LETTERS OF INTRODUCTION

Introduction

1. This is to introduce my friend/a great friend of ours Mr ..., who is visiting ... for the purpose of ... .
2. The bearer of this letter Mr ..., has been with us/known to us for many years.

Location

1. Votre hôtel m'a été recommandé par M. ... Je vous prie de bien vouloir me retenir une chambre à un lit/pour deux personnes avec/sans salle de bain à partir du ... .
2. Nous vous serions obligés de bien vouloir réserver une chambre pour notre directeur général, M. ..., du 17 avril au soir jusqu'au 22 avril au matin. Il faudra aussi une chambre pour son chauffeur. Veuillez nous confirmer cette réservation.
3. Votre adresse m'a été donnée par mon ami, M. ..., qui est descendu chez vous l'an passé lors de l'Exposition. Je serais très content si vous pouviez me retenir une chambre du ... au ... prochain, sur cour de préférence.

Réponses

1. Nous avons le plaisir de vous confirmer que nous vous avons réservé une chambre à grand lit/à un lit pour ... jours, à partir du ... .
2. Nous regrettons beaucoup de vous faire savoir que nous sommes au complet jusqu'au ... .

52. LETTRES D'INTRODUCTION

Recommandation

1. J'ai le plaisir de vous recommander mon ami/un de nos grands amis, Monsieur ..., qui visite ... dans l'intention de ... .
2. Le porteur de cette lettre, Monsieur ... est un de nos employés/nous est connu depuis bien des années.

Purpose of visit

1. Mr/Mrs/Miss/Ms ... is anxious to improve his/her knowledge of ... and therefore decided to seek an appointment in ... .
2. He/she wishes to obtain information on .../to study the ... system/to introduce a new patent/to establish business contacts/to form fresh connections/investigate possibilities abroad for a very promising invention of his/hers.

Request for assistance

1. I should be grateful if you would kindly assist him/her by introducing him/her to some friends of yours.
2. Could you give him/her an introduction to anyone who might be interested/afford him/her any assistance he/she may require?
3. I shall regard any service that you are able to render ... as a personal favour to me.
4. We shall be happy at any time to reciprocate your kindness.
5. By doing so you would do us a great favour which, needless to say, we should at any time be very pleased to reciprocate.

Confidential note

I am enclosing a copy of an introductory letter given to Mr ... of ... . He has asked for this as he plans to make a visit to ... and is seeking some representation there for his company ... . These are the people who have a close association with the ... set-up. Just what is the status of ... we have not so far been able to discover. We are therefore, at the moment, listening hard and saying little. I hope that this will explain matters to you. I have said to Mr. ... that you are an exceedingly busy man and if he has difficulty in seeing you he should ask for ... .

Objet de la visite

---

1. M./Mme/Mlle ... désire vivement acquérir une plus grande expérience de ... Pour cette raison il/elle a décidé de solliciter un emploi à ... .
2. Il/Elle voudrait se documenter sur .../se familiariser avec la méthode .../lancer une nouvelle invention/établir des relations d'affaires/ ouvrir de nouveaux débouchés/examiner les possibilités d'exploitation à l'étranger de son invention qui se révèle très prometteuse.

Demande de services

---

1. Je vous serais très reconnaissant si vous vouliez bien le/la recommander personnellement à quelques-uns de vos amis.
2. Vous serait-il possible de le/la présenter à quelques personnes qui pourraient s'intéresser à lui/à elle/ l'aider d'une manière ou d'une autre?
3. Je considérerais comme une faveur personnelle tout service que vous pourriez rendre à ... .
4. Soyez assuré de mon entière disposition à vous rendre un service analogue.
5. Ce faisant, vous nous obligeriez beaucoup. Il va de soi que nous serons toujours disposés à vous rendre un semblable service à l'occasion.

Message confidentiel

Je vous adresse sous ce pli copie d'une lettre d'introduction que j'ai remise à Monsieur ... . Il me l'a demandée car il a l'intention de visiter ... où il recherche un représentant pour son entreprise ... . Son affaire a d'étroits rapports avec la société ... . Nous n'avons pu encore être renseignés d'une façon précise sur la situation de M. ... . Pour l'instant, nous ouvrons donc bien les oreilles tout en étant nous-mêmes des plus discrets. Vous nous comprendrez.
J'ai prévenu M. ... que vous êtes un homme extrêmement occupé et que, s'il éprouvait quelque difficulté à vous voir, il n'aurait qu'à s'adresser à ... .

53. INVITATIONS AND APPOINTMENTS

Formal invitations

1. Mr and Mrs Charles Bonnington request the pleasure of Mr and Mrs Jack Smith's company at dinner on Wednesday, the 25th January at seven o'clock.

   R.S.V.P.★

2. The Chairman and Directors
   of ...

   request the pleasure of your company at a Banquet to be held at the ... Restaurant on Friday the 5th October at 7.15 p.m. Evening Dress.

   R.S.V.P.★

3. Mr (and Mrs) Jack Smith thank/s Mr and Mrs Charles Bonnington/the Chairman and Directors of the ... for their kind invitation to dinner/to the Banquet on ..., which he has/they have much pleasure in accepting. He is/They are unable to accept owing to a previous engagement for the same evening.

   ★ The initials of French "Répondez s'il vous plaît"=Please reply.

Informal invitation

1. We are having a few friends for dinner next Saturday/on Saturday the ... and should be delighted if you would join us. Looking forward to seeing you,

2. Thank you very much for your kind invitation to dinner on Saturday the ... I should be delighted to come and am looking forward to seeing you.

3. Thank you very much for your kind invitation to dinner. I should have loved to come but have promised Jack Lambert that I will go with him to the Opera on Saturday/have already accepted an invitation for that evening. Hoping to see you soon.

53. INVITATIONS ET RENDEZ-VOUS

Invitations de pure forme

1. M. et Mme Charles Bonnington prient M. et Mme Jack Smith de leur faire le plaisir de venir dîner mercredi 25 janvier à dix-neuf heures.

R.S.V.P.

2. Le Président et les Directeurs
de ....
ont l'honneur de vous inviter au Banquet qui sera donné au Restaurant .... vendredi 5 octobre à 19h. 15.
Tenue de soirée

R.S.V.P.

3. M. (et Mme) Jack Smith remercie(nt) M. et Mme Charles Bonnington/le Président et les Directeurs de ... de leur aimable invitation à dîner/au Banquet le ... auquel il sera (ils seront) très heureux de se rendre. Il aura (Ils auront) le regret de ne pouvoir s'y rendre étant retenus par des engagements antérieurs.

Invitation sans formalités

1. Nous aurons quelques amis à dîner samedi prochain/le samedi ... et nous serions très heureux si vous pouviez être des nôtres. Nous comptons sur le grand plaisir de vous revoir.

2. Merci beaucoup pour votre aimable invitation à dîner samedi le ... Je serai enchanté(e) de venir et me réjouis d'avance de vous revoir.

3. Je vous remercie beaucoup de votre aimable invitation à dîner. J'aurais été ravi(e) de venir, mais j'ai malheureusement déjà promis à Jack Lambert de l'accompagner à l'Opéra ce samedi-là/j'ai déjà accepté une invitation pour ce soir-là. Dans l'espoir de vous revoir bientôt,

Appointments

1. Mr ..., our chief sales executive, will be in ... on Thursday and Friday next week. He will telephone you as soon as he arrives to arrange a mutually convenient time for an appointment.
2. I should welcome the opportunity to discuss with you a matter which I think will/might interest you. I shall be in .../am prepared to come to ... . Please let me know if this would be convenient to you.
3. We/I thank you for your letter of the ... and are/am glad to hear that you/Mr ... will be in ... on ... . We/I are looking forward to your/his visit and are/am expecting your/his telephone call.

54. NEGOTIATIONS

Information

1. As promised, here is a summary of our present negotiations with ... .
2. All we can say at present is that we are negotiating with them on the subject.
3. Negotiations are in a fairly advanced stage.
4. We are on the point of concluding an agreement/reaching agreement.
5. I pointed out to him the following aspects of the problem which have emerged and which may help us to find a solution.

Opinion

1. Perhaps you will be good enough to let me have your views on this point.
2. I am much in favour of increased collaboration with ...
3. It is doubtful if we can make more progress in these negotiations unless ... .

Rendez-vous

1. M. ..., notre Chef du Service commercial, sera à ... jeudi et vendredi prochains. Il vous téléphonera dès son arrivée afin de prendre rendez-vous à votre convenance.
2. Je serais enchanté de pouvoir vous parler d'une affaire qui, je crois, vous intéressera/pourrait vous intéresser. Je serai à ... vers ... ./C'est bien volontiers que je viendrais à ... . Veuillez me faire savoir si cela vous conviendrait.
3. Nous vous remercions/Je vous remercie de votre lettre du ... . Nous sommes très contents/Je suis très content d'apprendre que vous serez/que M. ... sera à ... le ... . Nous serons enchantés de votre/sa visite et nous attendrons votre/son appel téléphonique.

54. NÉGOCIATIONS

Informations

1. Selon ma promesse, je vous remets ci-joint un aperçu de nos négociations en cours avec ... .
2. Pour l'instant, nous pouvons seulement vous dire que nous sommes en pourparlers avec eux à ce sujet.
3. Nos pourparlers sont maintenant bien avancés.
4. Nous sommes sur le point de conclure un contrat/d'aboutir à un accord.
5. Je lui ai signalé les aspects suivants du problème qui se sont présentés et qui nous aideront peut-être à le résoudre.

Opinion

1. Peut-être voudrez-vous bien me faire connaître votre point de vue sur la question?
2. Je suis tout à fait pour une coopération plus étroite avec ... .
3. Il semble douteux que nos négociations puissent encore progresser à moins que ... .

4. In my opinion they are trying to get support from ... because their position is not as strong as it was.
5. As I see it, this matter has three different aspects:

Suggestions

1. I should like to suggest ... .
2. The only solution might be for ... to ... .
3. It seems to me that there is a simple/the following way of putting this right.
4. If you have any suggestions to make regarding ... I should be pleased to hear them.
5. The problems which face us on ... are so complicated that I suggest we should meet as soon as possible to discuss them together.

Agreement and disagreement

1. We found it difficult to reach an agreement on .../to obtain his consent.
2. The main questions which seem to divide us are ....
3. They wanted ... . We suggested ... . I do not think that this presents an insuperable difficulty.
4. Only minor matters now stand in the way of an agreement.
5. The negotiations resulted in an agreement in principle on a common plan.

4. A mon avis, ils s'efforcent d'obtenir l'appui de ... car leur situation n'est pas aussi solide qu'elle l'était.

5. A ce que je vois, cette affaire se présente sous trois aspects différents:

Suggestions

1. Je me permets de suggérer ... .
2. La seule chose à faire serait peut-être pour ... de ... .
3. Il me semble que l'affaire pourrait s'arranger très simplement/de la manière suivante:
4. Si vous aviez des suggestions à me faire au sujet de ..., je serais très content de les connaître.
5. Les problèmes qu'il nous faut résoudre concernant ... sont d'une telle complexité que nous devrions, je crois, nous rencontrer le plus tôt possible pour en discuter ensemble.

Accord et désaccord

1. Il nous a été difficile de nous entendre au sujet de .../d'avoir son accord.
2. Les points principaux sur lesquel nous paraissons ne pas être d'accord sont ... .
3. Ils voulaient ... . Nous avons proposé ... . Je ne pense pas qu'il s'agisse là d'une difficulté insurmontable.
4. Il ne reste plus qu'à s'entendre sur des questions d'intérêt secondaire pour aboutir enfin à un accord.
5. Les négociations ont abouti à un accord de principe sur un programme commun de travail.

VIII

Enquiry and information

Demande de renseignements et informations

55. REQUEST FOR INFORMATION

On the state of the market

1. We should appreciate your candid opinion on the state of the market in your country.
2. As you know the local conditions so well, we should very much like to take up your kind offer to supply us with information about the state of the market in your country.
3. The official circulars give too general a picture. We should like more precise information on current prices of the following goods:/the probable result of the harvest.
4. Please give us full information, name the kind of goods most suitable for our trade and send us patterns and prices.
5. What, in your opinion, are the best potential markets for ... .

On goods available

1. We are planning to make substantial purchases in your market and we shall be glad to know what quantities and what qualities are immediately available.
2. No information is required about ... as we have sufficient quantities in stock.
3. Our stocks are very low and, if prices are favourable, we shall be able to place a substantial order.
4. If you receive an attractive offer for ... we should be most interested.
5. Could you advise us what quantities of ... suitable for this market are available for immediate delivery?
6. As our buyer is unable to visit your country we should like you to buy ... for us.
7. In consequence of the dull state of your ... trade would you advise us to buy now, or do you think that prices may fall still further?
8. If you believe that prices are likely to rise, we shall send you our instructions to buy.

55. DEMANDE DE RENSEIGNEMENTS

Situation sur le marché

1. Votre franche opinion de la situation sur le marché dans votre pays serait fort appréciée.
2. Vous êtes si bien informé des conditions actuelles que nous serions heureux de profiter de votre offre aimable de nous tenir au courant de la situation du marché dans votre pays.
3. Les bulletins officiels sont trop généralisés. Nous voudrions des renseignements plus précis sur les prix courants des marchandises suivantes:/le rendement probable de la récolte.
4. Veuillez nous donner tous renseignements utiles, nous spécifier les genres d'articles qui conviendraient le mieux à notre commerce et nous envoyer des échantillons ainsi que vos prix.
5. A votre avis, quels seraient les meilleurs débouchés pour les … .

Marchandises disponibles

1. Nous envisageons de faire des achats importants sur votre marché. Nous désirons savoir les quantités et qualités qui pourraient être commandées pour livraison immédiate.
2. Des renseignements sur les … nous paraissent inutiles car nos stocks sont encore assez importants.
3. Nos stocks étant presque épuisés, et si les conditions étaient avantageuses, nous pourrions vous passer une grosse commande.
4. Si vous recevez une offre vraiment avantageuse de …, cela nous intéresserait beaucoup.
5. Pourriez-vous nous renseigner sur les quantités de …, vendables sur ce marché, qui pourraient être livrées de suite?
6. Notre acheteur ne pouvant visiter votre pays, nous vous serions très obligés si vous pouviez acheter pour nous …
7. Etant donné le calme actuel dans votre commerce de …, pensez-vous que nous devrions acheter maintenant ou que les prix vont encore baisser?
8. Si vous vous attendez à une nouvelle hausse de prix, nous vous enverrons nos instructions concernant de nouveaux achats.

On prices obtainable

1. We have large quantities of ... available for immediate delivery.
2. Will you ascertain the prices you can obtain?
3. Do you think these goods would sell well in your market?
4. What in your opinion would the goods sell for in ... ?
5. Please try to find out if there is any possibility of getting orders from ... .
6. Your advice will enable us to make a decision on the different offers we have received.

56. AGENT'S REPORT

General market situation

1. The market at present is quiet/unsettled/firm/slow/lively/very favourable for buying/selling ... .
2. There is no/little/a great/a considerable demand for ... .
3. ... are in considerable/less in demand. They sell at ...
4. Prices have risen/fallen/remained unchanged.
5. They are higher/lower than last week.
6. ... have risen/fallen in price by ...%.
7. The high prices have brought business almost to a standstill.

Specific information

1. The better   grades   are sold at ... .
   medium   qualities   were (not) much in demand.
   lower   brands   have risen/fallen by ...%.
2. One can obtain an order for at least ... for future/immediate delivery, if a special discount can be given.
3. If your quotation for ... can be slightly reduced, a substantial order can be obtained.

Question de prix

---

1. Nous avons des quantités importantes de ..., à livrer de suite.
2. Veuillez nous fixer sur les prix que vous pourriez obtenir.
3. Pensez-vous que ces marchandises se vendraient bien sur votre marché?
4. A votre avis, à quel prix ces articles pourraient-ils être vendus en ...?
5. Faites de votre mieux pour savoir si la maison ... pourrait nous passer des commandes.
6. Nous pourrons, grâce à vos conseils, nous décider au sujet des diverses offres qui nous sont parvenues.

56. RAPPORTS D'AGENT

Revue générale du marché

---

1. Le marché en ce moment est calme/indécis/ferme/ralenti/actif/ très favorable aux achats/aux ventes de ... .
2. Il n'y a aucune/Il y a une/faible/forte/demande considérable de ... .
3. Les ... sont très/peu recherché(e)s. Les cours sont ... .
4. Les prix sont en hausse/en baisse/soutenus.
5. Ils marquent une avance/un recul sur ceux de la semaine passée.
6. Il y a une hausse/baisse de ...% sur ... .
7. Les prix élevés ont réduit le commerce à un arrêt presque total.

Renseignements particuliers

---

1. Les catégories supérieures se vendent ... .
   qualités moyennes sont très(peu) recherchées.
   marques inférieures ont augmenté/baissé de ...%.
2. Il serait possible, avec remise spéciale, d'obtenir une commande d'au moins ... pour livraison à terme/de suite.
3. Si vous pouviez faire une légère réduction de prix pour ..., une commande importante pourrait être obtenue.

4. Messrs. ... offer quite good quality ... at ... .
5. Customers are well stocked with/short of ... .
6. Owing to over-production, buyers have obtained stocks at considerably reduced prices.
7. The old stocks have now been disposed of and suppliers are selling for forward delivery.
8. Reports about the harvest in ... are still uncertain, but it is generally assumed that it will be a good/bad one.

Recommendations

1. To remain competitive it will be necessary to give ... months credit/to make special concessions.
2. A smaller/larger/lighter/better article should be made for this market.
3. Your ... are suitable/unsuitable for this market.
4. Although your ... please, they are found too dear/are offered cheaper in a similar quality by ... at ... .
5. It would require an extensive advertising campaign to create a really wide interest.
6. It would assist trade if catalogues could be printed in the language and prices be quoted in the currency of the country.

57. THE MARKET

General position

1. The market opened hesitant/on a firm note.
2. ... gained/lost ground/maintained their firm position.
3. Prices were influenced by rumours of a bumper harvest in ... .
4. Prices were irregular with small increases/decreases predominating.
5. The market is unsettled under the influence of contradictory rumours.

4. La maison/Les établissements ... offre/offrent des ... de très bonne qualité au prix de ... .
5. Les clients sont bien approvisionnés en .../manquent de ... .
6. Par suite de surproduction, les acheteurs ont pu se constituer des stocks à des prix très réduits.
7. Les marchandises en magasin sont maintenant écoulées et les fournisseurs prennent des commandes pour livraison à terme.
8. On ne peut encore exactement prévoir ce que sera la récolte au .../en .... Cependant, on pense généralement qu'elle sera abondante/mauvaise.

Recommandations

1. Pour rester en concurrence, il serait nécessaire de donner ... mois de crédit/de faire des réductions spéciales.
2. Il faudrait fabriquer un plus petit/plus grand/plus léger/meilleur article pour ce marché.
3. Vos ... répondent/ne répondent pas aux besoins de ce marché.
4. On s'intéresse à vos ..., mais on les trouve trop chers,/mais un article de même qualité est vendu par ... au prix plus avantageux de ... .
5. Il faudrait une grosse campagne publicitaire pour créer une demande vraiment conséquente.
6. Cela faciliterait beaucoup les affaires si les catalogues étaient imprimés dans la langue et les prix établis dans la monnaie du pays.

57. LE MARCHÉ

Situation générale

1. Marché d'abord indécis/plutôt ferme.
2. Les ... sont en hausse/en baisse/toujours soutenus.
3. Le bruit d'une récolte très abondante en ... a influé sur les cours.
4. Fluctuations du marché avec légère tendance à la hausse/à la baisse.
5. À cause de rumeurs contradictoires, le marché est agité.

Supply

---

1. Offerings totalled ... chiefly from ... .
2. Offers of ... were confined to medium qualities.
3. ... were of excellent/poor quality.
4. The "..." is due on the ... having ... on board. Samples are not available yet but are expected to be of good quality.

Demand

---

1. Wool/Cotton/Tin/Copper/Steel/Tobacco was   much in Textiles/Foodstuffs/Chemicals/Plastics were little   demand.
2. The demand was rising/falling/steady.
3. Competition was particularly keen for ... .
4. The turnover rose/fell by ...% compared with ... .

Prices

---

1. ... started/ended at .../ sold exceptionally well/continued their advance.
2. ... showed an advance of ... over yesterday's prices.
3. ... fell by ...%/rapidly/continued their decline.
4. ... fell slightly/remained unchanged at ... .

Trends

---

1. Higher/Lower/Unchanged prices are expected.
2. Further rises/falls are possible.
3. There is little likelihood of an increase in the price of ... .
4. ... have touched bottom/will begin to improve/should have excellent prospects.

Demande de renseignements et informations

Offres

1. Les offres ont atteint ..., principalement en provenance de ... .
2. Les offres de ... n'ont porté que sur les qualités moyennes.
3. Les ... étaient de très bonne/médiocre qualité.
4. Le vapeur «...» est attendu le ... avec une cargaison de .... Pas d'échantillons à ce jour, mais on pense qu'ils/elles seront de bonne qualité.

Demande

1. Laines/cotons/étains/cuivres/aciers/ tabacs   sont très recherché(e)s.
   Tissus/denrées/produits chimiques/ matières plastiques   sont peu demandé(e)s.
2. Demande accentuée/affaiblie/suivie.
3. Marché particulièrement animé pour les ... .
4. Le chiffre d'affaires s'est élevé/a baissé de ...% par rapport à ... .

Cours

1. Les ... ont ouvert/terminé à .../se sont très bien vendus/ont marqué une nouvelle avance.
2. Les ... sont en progrès de ... sur les cours d'hier.
3. Les ... ont fléchi de ...%/rapidement/continué de s'affaiblir.
4. Prix de ... légèrement en baisse/stationnaires à ... .

Tendances

1. Les prix paraissent devoir subir une hausse/une baisse/rester sans changement.
2. On prévoit de nouvelles hausses/baisses pour quelque temps encore.
3. Pas de raffermissement du cours des ... en perspective.
4. Les ... sont au plus bas/sont en reprise/s'annoncent très bien.

58. RESEARCH AND INVESTIGATION

Investigation

1. One of our agents has submitted to us a raw material which is likely to interest us. We are enclosing a specimen and should be glad if you would submit it to your chemist/physicist/ research department for analysis.
2. This information is contrary to that which we have obtained. Would you therefore be good enough to let us have the sources of your information and the documents on which you base your conclusions.
3. They claim that they have the exclusive rights in ... . Will you please find out whether their claim is correct?
4. Upon receiving convincing evidence that they do indeed control the rights we shall be happy to commence negotiations.
5. We cannot rely on the information which was obtained here. As you are on the spot would you kindly investigate the position/ confirm its accuracy.

Report

1. We had your sample tested by our experts and I am enclosing their report. As you see, the material would certainly be suitable if produced according to their recommendations.
2. Our research indicates that this process has not been covered yet by a patent in this country.
3. They have not presented to us any convincing evidence of their claim.
4. I have drawn up the following notes on which I should be grateful to receive your comments/to know your views and, if possible, recommendations.

58. RECHERCHES ET INVESTIGATIONS

Investigations

1. Un de nos représentants nous a soumis une matière brute qui pourrait nous intéresser. Nous vous en adressons sous ce pli un échantillon et nous vous prions de bien vouloir le confier à votre chimiste/physicien/service de recherches aux fins d'analyse.

2. Cette information est à l'opposé de notre propre documentation. Vous nous obligeriez donc en nous faisant savoir quelles en sont les sources et de quels documents vous avez tiré vos conclusions.

3. Ils affirment avoir le droit exclusif de vente en/au ... . Veuillez vous assurer de l'exactitude de leur revendication.

4. Lorsque nous aurons la preuve irréfutable qu'ils possèdent, en effet, les droits en question, nous serons tout disposés à entamer des pourparlers avec eux.

5. Nous ne pouvons nous fier à l'information obtenue d'ici. Puisque vous êtes sur place, ayez l'obligeance de rechercher quelle est, en fait, la situation/de nous confirmer son exactitude.

Rapport

1. Votre échantillon a été analysé par nos experts dont vous trouverez le rapport ci-inclus. Vous verrez que, si leurs recommandations concernant la fabrication sont suivies, la matière conviendrait fort bien.

2. D'après nos recherches, ce procédé n'est pas encore couvert par un brevet dans notre pays.

3. Ils ne nous ont pas encore prouvé d'une manière irréfutable qu'ils jouissent de ce droit.

4. J'ai rédigé les notes suivantes au sujet desquelles je serais heureux de recevoir vos commentaires/de connaître votre point de vue et, si possible, vos recommandations.

Marketing
***

1. One of my colleagues in the research department, Mr ... has discovered a new process for making ... . It seems to have great possibilities. As our company is not interested in the manufacture of ... he is free to exploit his invention commercially and has taken out a patent. He will call upon you shortly and I should be grateful if you could provide him with introductions to manufacturers who may be interested in his invention.
2. The new product/process has already been tested by experts and found practicable but has not been taken up for the reasons stated.

59. GOVERNMENT CONTROL AND REGULATIONS

Licences
***

1. All imports are restricted and require import licences.
2. Imports are restricted to goods deemed indispensable to the country's economy.
3. A wide range of goods may be imported without a licence/is exempt from custom duties.
4. Licences are liberally/rarely granted for the import of ...
5. The goods should not be shipped before the necessary import licence is obtained.
6. On the strength of such a licence the National Bank will grant the currency required.
7. We are making an application for an import licence.

Débouchés

1. M. ..., un de mes collègues du bureau d'études, a découvert un nouveau procédé de fabrication de ..., qui semble très prometteur. Notre compagnie ne s'intéressant pas à la fabrication de ..., il a donc toute liberté d'exploiter son invention et a pris un brevet la concernant. Il viendra vous voir sous peu, et je vous serais reconnaissant si vous pouviez lui remettre des lettres d'introduction auprès de fabricants susceptibles de s'intéresser à son invention.

2. Le nouveau produit/procédé de fabrication à déjà été mis à l'épreuve par des experts et jugé praticable, mails il n'a pas encore été adopté pour les raisons ci-indiquées.

59. RÉGLEMENTATION ET PRESCRIPTIONS OFFICIELLES

Licences d'importation

1. Toutes les importations subissent des restrictions et elles exigent l'obtention de licences d'importation.

2. Les importations sont limitées aux marchandises qui sont jugées indispensables à l'économie nationale.

3. Des marchandises d'une très grande diversité peuvent être importées sans licence d'importation/sont exemptées des droits de douane.

4. Les licences d'importation sont facilement/très difficilement accordées pour l'entrée de ... .

5. Les marchandises ne doivent pas être expédiées avant d'avoir obtenu la licence d'importation indispensable les concernant.

6. La licence d'importation une fois obtenue, la Banque nationale autorisera la sortie de devises s'y rapportant.

7. Nous faisons la demande d'une licence d'importation.

Restrictions

1. All imports and exports are effected by the State through its own trading organization/through privileged foreign trade companies, each of which is exclusively authorized to deal in specific categories of goods.
2. Each country has its own quota. Foreign exchange transactions are under strict government control. Customs duties are payable on ... .
3. The price is fixed by the government at ... . If you can deliver at this price, please let me know.
4. The import quotas authorized by the control office are exhausted at present. They are allocated in November for the following year. It is advisable to visit the buying organization immediately these quotas are known.

Payments

1. The unit of currency is the ..., the equivalent at the official rate of ... .
2. The daily rate of exchange varies between officially fixed limits.
3. There are payment agreements with the following countries:
4. Payment of imports is permitted only on submission of shipping documents.
5. Payments are generally effected on a documentary credit basis.
6. Payments in foreign currency require a special licence.
7. Owing to barter arrangements it would be possible to purchase ... against orders for ... .

Restrictions

1. Toutes les importations et exportations sont effectuées par l'Etat, par l'entremise de son organisation nationale du commerce/ par l'entremise de sociétés de commerce étrangères privilégiées, chacune d'entre elles étant autorisée à s'occuper exclusivement de produits de catégories bien définies.
2. Chaque pays a son propre contingent. Les transactions en devises étrangères sont strictement contrôlées par le gouvernement. Les droits de douane sont perçus sur ... .
3. Le prix est fixé par le gouvernement à ... . Veuillez m'aviser si vous pouvez livrer à ce prix.
4. Les contingents d'importation qui ont été autorisés par l'administration compétente sont maintenant épuisés. Ils sont répartis en novembre pour l'année suivante. Aussitôt qu'ils sont connus, il y a tout avantage à visiter l'organisation d'achats appropriée.

Paiements

1. L'unité monétaire est le ..., qui au cours officiel équivaut à ... .
2. Le cours du change varie chaque jour entre des valeurs-limites officiellement fixées.
3. Il existe des accords commerciaux pour le règlement de factures avec les pays suivants:
4. Les importations ne peuvent être payées que sur présentation des pièces justificatives des expéditions.
5. Les règlements se font généralement sur la base de crédits documentaires.
6. Les paiements en devises étrangères exigent une autorisation spéciale du Contrôle des changes.
7. En raison d'accords de compensation, il serait possible d'acheter des ... en contre-valeur de commandes de ... .

IX

Applications and references

Demandes diverses et références

Applications and references

60. APPLICATION FOR EMPLOYMENT

In reply to today's advertisement in "*The Guardian*", I wish to apply for the post of ...

Education and special qualifications

1. I am ... years old and was born in ... where I lived until the age of ... .
2. I attended the ... school in ... from ... to ... . In ... I passed the school leaving/university entrance examination and studied ... at ... from ... to ... .
3. I passed the ... examination on ... with distinction in ... and obtained a degree in ... /the ... diploma/on the ... .
4. From ... to ... I studied at the ... Institute/College under the direction of ... .
5. During my study at ... I attended courses in ... /I obtained practical training in ... .
6. I spent ... years in ... to obtain a thorough knowledge of the language.
7. I speak and write ... fluently as shown by the enclosed testimonials.
8. I also have some knowledge of ... and can undertake translations from the language.

Experience, references and testimonials

1. I was employed as a ... with Messrs ... from ... to ... .
2. For the past ... years I have been employed as a ... with Messrs ... .
3. In this post I obtained a thorough training in ... and I have been responsible for ... .
4. My present/former employer(s)/the Principal of my former school has kindly allowed me to give his name as a referee.
5. I enclose copies of testimonials from ... .

60. DEMANDE D'EMPLOI

En me référant à votre annonce parue dans *"Le Figaro"* d'aujourd'hui/ du ..., j'ai l'honneur de solliciter le poste de ... .

Education et qualités spéciales

1. J'ai ... ans. Je suis né(e) à ... où j'ai habité jusqu'à l'âge de ... ans.
2. J'ai étudié à la /l'/au ... à ... de ... à ... .En ..., j'ai été reçu(e) à l'examen de sortie/d'entrée à l'université et j'ai poursuivi mes études de ... à l'/la/au ... de ... à ... .
3. J'ai été reçu(e) à l'examen de ... le ... avec mention en ..., et j'ai obtenu ma licence/mon diplôme/de ... le ...
4. Du ... au ... j'ai suivi les cours de l'institut/du collège ... sous la direction de ... .
5. Etudiant(e) à l'/au ..., j'ai suivi les cours de .../j'ai acquis une expérience pratique de la/l'/du/des ... .
6. J'ai passé ... années en/au ... afin de me perfectionner dans la langue du pays.
7. Je parle et j'écris le/l' ... couramment, comme en font foi les attestations ci-jointes.
8. J'ai aussi une certaine connaissance du/de l' ... et je suis capable de faire des traductions de cette langue.

Expérience, références et attestations

1. J'ai été employé(e) en qualité de ... chez MM. ... du ... au ... .
2. Depuis ... ans, je suis employé(e) en qualité de ... chez
3. MM. ... .
   En remplissant cet emploi, j'ai acquis une connaissance appro- fondie de la/l'/du/des ... et j'ai été chargé(e) de ... .
4. Mon patron actuel/Mon précédent patron/Le directeur de mon ancienne école a bien voulu m'autoriser à donner son nom comme référence.
5. Je vous remets ci-inclus copies des certificats qui m'ont été délivrés par ... .

Wage—Salary

1. My present salary is ... per week/month and, as my sole reason for leaving my post is to obtain a more responsible and a better paid one, I should not be willing to accept a salary of less than ... .
2. As I wish to obtain a more thorough experience of ... I am prepared to accept a starting salary of ... per week/month.

Concluding line

I should be very pleased to come for an interview at any time convenient to you.

61. PERSONAL REFERENCES

Enquiry

1. Mr ... who applied to us for the post of ... has given us your name as a referee.
2. We should be grateful if you would kindly tell us whether you were satisfied with his services.
3. Any information you could give us as to his reasons for leaving you will be greatly appreciated.
4. As we have foreign visitors he would also have to act as interpreter. We therefore wish to appoint someone who has not only a perfect command of the written language but also speaks it fluently. We should be glad to hear from you whether he meets these requirements.
5. Your reply will, of course, be treated in strict confidence.

Salaire—Appointements

1. Je gagne actuellement ... par semaine/mois. Comme je quitte cet emploi uniquement pour avoir une situation plus importante et mieux rétribuée, je désirerais un salaire/des appointements d'au moins ... .
2. Désireux(euse) d'avoir une plus grande expérience de/des/du/de la/de l' ..., j'accepterais pour commencer un salaire/des appointements de ... par semaine/mois.

Fin de lettre

Je serais très heureux(euse) d'avoir une entrevue avec vous au jour et à l'heure qui pourraient vous convenir.

61. RÉFÉRENCES PERSONNELLES

Demande de renseignements

1. M. ... a sollicité le poste de ... dans notre maison et il nous a donné votre nom comme référence.
2. Nous vous serions obligés de bien vouloir nous dire si vous avez été satisfait de ses services.
3. Tous renseignements que vous pourriez nous donner sur les raisons pour lesquelles il a quitté votre maison seront fort appréciés.
4. Comme nous recevons des visiteurs étrangers, il lui faudrait servir aussi d'interprète. Nous désirons donc engager quelqu'un qui ait une parfaite maîtrise de la langue écrite aussi bien que parlée. Vous nous obligeriez en nous faisant savoir si, en effet, il répond aux conditions requises.
5. Soyez assuré que je ferai l'usage le plus discret des renseignements qu'il vous plaira de me transmettre.

Favourable reply

1. Mr ... joined our staff on .../has been on our staff from ... to ... .
2. He is competent and reliable, and we can thoroughly recommend him.
3. He is hard working, intelligent and willing/practical.
4. He is of good appearance and has a pleasant manner.
5. He possesses a good knowledge of ... and is used to working on his own initiative.
6. His flair and common sense have been a great asset to us.
7. He has a methodical approach and has always carried out his duties quickly and conscientiously.
8. He is thoroughly familiar with modern trends, developments and processes.
9. He left us at his own request to take up a post in ..., where his family lives/in order to improve his knowledge of the language/in order to gain experience in ... .

Unfavourable reply

1. We are sorry that we cannot give you a favourable report on ... .
2. He was often late and his work was not satisfactory.
3. He is unreliable and lacking in common sense.
4. His faults may, however, be attributed more to his youth than to his character, and he may possibly have changed for the better.

62. BUSINESS REFERENCES

Enquiry

1. Messrs ... have given us your name as a business reference.
2. We have received a request from ... to open an account with us.

Réponse favorable

1. M. ... a été engagé par notre maison le .../a fait partie de notre personnel depuis le ... .
2. Il est capable et digne de confiance, et c'est avec plaisir que nous vous le recommandons.
3. Il est assidu, intelligent et de bonne volonté/d'esprit pratique.
4. Il présente bien et il est d'un caractère agréable.
5. Il a une bonne expérience de ... et il a l'habitude de travailler de sa propre initiative.
6. Sa perspicacité ainsi que son bon sens nous ont été des plus utiles.
7. Il a l'esprit méthodique et il s'est toujours montré expéditif et consciencieux dans l'accomplissement de sa tâche.
8. Il est très au courant des tendances, perfectionnements et procédés de fabrication modernes.
9. C'est sur sa propre demande qu'il nous a quittés pour occuper un poste à ... où il a rejoint sa famille/pour améliorer sa connaissance de la langue/pour acquérir de l'expérience en ... .

Réponse défavorable

1. Nous regrettons de ne pouvoir vous donner de renseignements satisfaisants sur ....
2. Il était souvent en retard et son travail laissait à désirer.
3. Il n'est pas assez sérieux et il manque de sens pratique.
4. Toutefois, on peut attribuer ses défauts à sa jeunesse plutôt qu'à son caractère, et il se peut qu'il ait changé pour le mieux.

62. RÉFÉRENCES COMMERCIALES

Demande de renseignements

1. La maison ... nous a donné votre nom comme référence commerciale.
2. La maison ... nous a demandé de lui ouvrir un compte.

3. We have an enquiry/an order from the firm whose name you will find on the enclosed slip.
4. As we have not transacted any business with them, we should be much obliged if you could
   give us some information about their standing.
   make inquiries regarding their reputation.
   let us know whether in your opinion a credit of ... can be safely granted.
5. Any information which you may give us will, of course, be treated as strictly confidential.
6. We shall be grateful for any information with which you can provide us and enclose a stamped addressed envelope/an International Reply Coupon for your reply.

Reply

1. The firm about which you enquire
   is well known to us.
   have been our regular customers for many years.
   has been established here for many years.
   have always met their commitments promptly.
   enjoys unlimited credit/the highest reputation.
2. We should not hesitate to grant them the credit requested.
3. To the best of our belief you run no risk with regard to the amount mentioned.
4. As we   do no business with the firm,
   cannot obtain reliable information about them,
   have not done any business with them for many years,
   do not know them well enough,
   we regret that we are unable to give you the information you require.
5. In reply to your letter of the ..., we would advise some caution in your dealings with the firm about whom you enquire.
6. We would hesitate to offer a credit of ... and would deal with them on a cash basis only.

3. Nous avons reçu une demande de renseignements/une commande de la maison dont le nom figure sur la fiche ci-annexée.

4. Nous n'avons pas encore traité avec cette maison, nous vous serions donc reconnaissants de bien vouloir

nous renseigner sur sa situation.

vous informer de sa réputation.

nous dire si, à votre avis, nous pourrions lui accorder un crédit de ... en toute confiance.

5. Bien entendu, nous considérerons toute information que vous pourriez nous donner comme strictement confidentielle.

6. Nous vous serions reconnaissants de tout renseignement que vous pourriez nous communiquer et vous remettons sous ce pli une enveloppe timbrée libellée à nos nom et adresse/un coupon-réponse international à cette fin.

Réponse

1. La maison au sujet de laquelle vous nous avez écrit

nous est fort bien connue.

traite avec nous depuis de nombreuses années.

est établie depuis longtemps dans notre ville.

remplit toujours scrupuleusement ses engagements.

bénéficie d'un crédit illimité sur la place/jouit d'une excellente réputation.

2. Nous lui accorderions sans hésiter le crédit demandé.

3. A notre connaissance, vous pouvez, sans courir de risques, accorder le crédit du montant indiqué.

4. Du fait que   nous ne traitons pas avec cette maison,

nous n'avons pu obtenir de renseignements précis sur la maison,

nous n'avons pas traité avec elle depuis des années,

nous ne connaissons pas assez bien cette maison,

nous regrettons de ne pouvoir vous fournir les renseignements demandés.

5. En réponse à votre lettre du ..., nous vous conseillons d'agir avec quelque prudence dans vos affaires avec la maison en question.

6. Nous-mêmes hésiterions à lui offrir un crédit de ... et ne traiterions avec elle que d'affaires payables au comptant.

7. The firm are irregular in settling their accounts.
8. This information is given in strict confidence and without responsibility on our part.

63. VARIOUS ENQUIRIES AND APPLICATIONS

Enquiries about study facilities—Applications

1. I wish to study ... in Britain and should be grateful if you would be kind enough to give me some information about the universities/colleges there.
2. I should like to come to ... for the purpose of learning ... and should greatly appreciate any advice you can give me on suitable schools/training facilities there.
3. I should be very grateful for information about entry to your school. I have finished my school studies here and have passed the ... examination. I have a good/fair knowledge of the ... language and obtained the ... Certificate/Diploma.
4. I should like to apply for the scholarship advertised in ... and should be glad to receive an application form, for which I enclose a stamped addressed envelope/International Reply Coupon.
5. I should be very grateful if you would let me have details of any scholarships in ... that your country may be offering to foreign students.
6. I should like to apply for membership of your club/organization/library and should be glad if you would let me know the conditions.
7. Thank you very much for the information you sent me about your school/club. I am returning the application form duly completed together with copies of my certificates/testimonials.

7. La maison est irrégulière dans ses paiements.
8. Nous vous donnons ces renseignements à titre confidentiel et sans obligation de notre part.

63. DEMANDES DE RENSEIGNEMENTS ET AUTRES DEMANDES

Facilités d'études—Demandes d'admission

1. Je désirerais étudier le/la/l' … en France et vous serais reconnaissant(e) de bien vouloir me renseigner sur les universités/collèges approprié(e)s.
2. Je voudrais bien venir en/à … afin d'y étudier le/la/l' … Je vous serais très obligé(e) de tout conseil que vous pourriez me donner sur les écoles appropriées/les facilités de formation professionnelle que j'y trouverais.
3. Je vous prie de bien vouloir me renseigner sur les conditions d'entrée dans votre école. J'ai terminé ici mes études scolaires et j'ai passé mon examen du/de …. J'ai une bonne/assez bonne connaissance de la langue … et j'ai mon Certificat/Diplôme de … .
4. Je voudrais faire une demande de bourse telle qu'elle a été annoncée dans …, et je désirerais recevoir le formulaire la concernant. J'ai le plaisir de vous remettre ci-inclus une enveloppe timbrée portant mes nom et adresse/un coupon-réponse international à cette fin.
5. Je vous serais reconnaissant(e) de bien vouloir m'envoyer tous renseignements utiles sur les bourses de … qui sont offertes dans votre pays aux étudiants étrangers.
6. Je désirerais devenir membre de votre club/organisation/bibliothèque et je vous serais obligé(e) de bien vouloir me renseigner sur les conditions à remplir.
7. Je vous remercie beaucoup des renseignements que vous m'avez envoyés sur votre école/club. Je vous retourne ci-inclus le bulletin de demande d'inscription rempli et signé ainsi que les copies de mes certificats/attestations.

Asking for references and testimonials

1. I am applying for a post as a ... with the ... Company and should be very grateful if you would be kind enough to give me a testimonial/to allow me to give your name as a referee.
2. Thank you very much for your kindness in letting me have a testimonial/in agreeing to act as a referee for me. I am very grateful.
3. You will no doubt be glad to hear that thanks to your kindness in giving such a favourable report on me I succeeded in obtaining the post as ... with the ... Company.
4. I am sorry to tell you that I did not succeed in obtaining the post I applied for. I was told that there were several candidates who had longer experience/better qualifications. But I am most grateful to you for the help you gave me and I hope you will allow me to give your name again as a referee for my next application.

Demandes de références et d'attestations

1. Je sollicite un emploi/poste de … dans la société commerciale … et vous serais fort obligé(e) de bien vouloir m'envoyer une attestation/me permettre de donner votre nom comme référence.

2. Je vous suis reconnaissant(e) d'avoir bien voulu me faire parvenir votre attestation/me permettre de donner votre nom comme référence. Je vous en remercie infiniment.

3. Vous serez sans doute content d'apprendre que, grâce aux renseignements favorables sur moi que vous avez eu la bonté de donner, j'ai obtenu le poste de … dans la maison … .

4. J'ai regret de vous informer que je n'ai pas obtenu le poste que j'avais sollicité. A ce qu'on m'a dit, plusieurs candidats avaient une plus longue expérience/étaient mieux qualifiés que moi pour le remplir. Je ne vous suis pas moins reconnaissant(e) de votre aide et j'espère que vous voudrez bien me permettre de continuer à donner votre nom comme référence.

English abbreviations

A1	A one	de première qualité
a/c	account	compte
a.m.	ante meridiem	matin; avant-midi
b.e.	bill of exchange	effet de commerce
b/f	brought forward	à reporter
B/L	bill of lading	connaissement
bot.	bought	acheté
B.R.	British Rail	Chemins de fer d'Etat
Bros.	Brothers	Frères
C.	Celsius	Centigrade
c/f	carried forward	report
c.i.f.	cost, insurance and freight	coût, assurance, fret
c/o	care of	aux bons soins de ...
Co.	company	société commerciale
	county	département; comté
C.O.D.	cash on delivery	contre remboursement
Co-op.	Co-operative (Society)	(société) co-opérative
C.P.	carriage paid	port payé
cr.	credit	crédit; avoir
	creditor	créancier
cu.	cubic	cube
cwt(s)	hundredweight	quintal
d.	debit	doit; débit
D/A	deposit account	compte de dépôts
deg.	degree	degré
dept.	department	service; rayon
disct.	discount	remise
div.	dividend	dividende
do.	ditto	dito
doz.	dozen	douzaine
Dr.	debtor; doctor	débiteur; docteur
E.	East	Est
E. & O.E.	errors and omissions excepted	sauf erreur ou omission
E.E.C.	European Economic Community	Communauté économique européenne
e.g.	(= *lat.* exempli gratia)	par exemple
enc(s)	enclosure(s)	pièce(s) annexée(s)
esp.	especially	surtout
Esq.	Esquire	(voir page 3)
F.; Fahr.	Fahrenheit	
f.o.b.	free on board	franco à bord
ft.	foot; feet	pied(s) = 30 centimètres

English abbreviations

g.; gr.	gramme(s)	gramme(s)
gal.	gallon(s)	gallon(s) = 4½ litres
G.B.	Great Britain	Grande-Bretagne
G.P.O.	General Post Office	les Postes et Télécommunications
gr.	gross	grosse (= 12 douzaines); brut
H.M.	His (Her) Majesty	sa Majesté
H.M.S.	His (Her) Majesty's Ship	
h.p.	horsepower	cheval-vapeur
H.P.	hire purchase	vente à tempérament
H.Q.	headquarters	centre/siège social
i.e.	(lat. = id est)	c'est-à-dire
Inc.	Incorporated (U.S.)	société anonyme
incl.	inclusive; including	inclusivement; y compris
inst.	instant	courant; de ce mois
I.O.U.	I owe you	reconnaissance (de dette)
jnr., Jun.	junior	jeune; fils
L., £	pound(s)	livre (sterling)
lb.(s)	pound(s)	livre (poids)
Ltd.	limited (company)	à responsabilité limitée
M.P.	Member of Parliament	député
m.p.g.	miles per gallon	milles par 4½ litres
m.p.h.	miles per hour	milles par heure
M.V.	motor vessel	bateau à moteur
N.	north	nord
N/A	not applicable	sans objet
oz.	ounce(s)	once(s) = 28½ grammes
p.	penny; pence	
p.a.	per annum	par an
par.	paragraph	paragraphe
p.c.	percent	pour cent
pd.	paid	payé
p.l.c.	Public Limited Company	
p.m.	post meridiem	après-midi
per pro.	per procurationem	par procuration
P.O.	Post Office	bureau de poste
P.O. Box	Post Office box	Boîte Postale
P.T.O.	please turn over	tournez s'il vous plaît = T.S.V.P.
q.v.	(lat. = quod vide)	voir
re	with reference to	concernant
recd.	received	reçu
rly; ry.	railway	chemin de fer
S.	south	Sud
s.a.e.	stamped addressed envelope	envelope timbrée portant nom et adresse
sen.	senior	aîné; père
S.S.	steamship	vapeur
sq.	square	carré
st.	stone(s)	14 lbs (= 6,348 kg)
stg.	Sterling	
U.K.	United Kingdom	Royaume-Uni
U.N.	United Nations	Nations Unies
U.S.; U.S.A.	United States of America	Etats Unis

English abbreviations

U.S.S.R.	Union of Soviet Socialist Republics	U.R.S.S.
viz.	videlicet (lat.)	c'est-à-dire
W.	West	Ouest
w/e.	week ending	semaine se terminant …
wt.	weight	poids
Xmas	Christmas	Noël
yd(s)	yard(s)	= 91,44 cm.

Abréviations Françaises

ac.	acompte	on account
act.	action	share
A.R.	accusé de réception	receipt
arr.	arrondissement	district
a/s.	aux soins de …	care of …
b.à.p.	billet à payer	bill payable
b.à.r.	billet à recevoir	bill receivable
bd., bld., boul.	boulevard	boulevard
br., b^t	brut	gross
bté.	breveté	patent
c., cent.	centime	
c-à-d.	c'est-à-dire	that is to say
C.A.F.	coût, assurance, fret	cost, insurance and freight
c/c.	compte courant	current account
cde.	commande	order
c. de f.	chemin de fer	railway
C.E.E.	Communauté économique européenne	European Economic Community
Cie	compagnie	company
cl.	centilitre	centilitre
cm.	centimètre	centimetre
cr.	crédit	credit
ct., crt., cour.	courant	instant
c.v.	cheval-vapeur	horsepower
déb., d^t	débit	debit
der.	dernier	last
do.	dito	ditto
Dt.	doit	debit
dz.	douzaine	dozen
env.	environ	about
esc.	escompte	discount
E.-U.	Etats-Unis	United States
Ets.	établissements	factory; premises
exp.	expéditeur	sender
f.à.b.	franco à bord	free on board, f.o.b.
fab.	fabrication	make
F^{res}	Frères	brothers
F., f., fr(s)	franc(s)	
fco; fro	franco	free of charge; carriage paid
F.S.	faire suivre	please forward
fque	fabrique	factory; make
g., gr.	gramme	
G.V.	grande vitesse	by passenger train

Abréviations Françaises

id., do	idem	ditto
incl.	inclus	included
j. jr(s)	jour(s)	day(s)
j/d.	jour de date	days after date
Je, Jne	Jeune	Junior
kg.	kilogramme	
km.	kilomètre	
kW.	kilowatt	
l	litre	
l/c.	lettre de crédit	letter of credit
lib.	libéré	fully paid
liq.	liquidation	settlement
M.	Monsieur	
m.	mois; mètre	month; metre
M^e	Maître	title applied to lawyers
mg.	milligramme	
Mlle(s)	Mademoiselle (Mesdemoiselles)	
mm.	millimètre	
MM.	Messieurs	Messrs.
Mme(s)	Madame (Mesdames)	
M^{on}, M^{son}	maison	firm
n.	notre; nos	our
n.pl.	notre place	our town
p.c.	pour cent; pas coté	per cent; not quoted
p.c.c.	pour copie conforme	true copy
p/c.	pour compte	on account
p.d.	port dû	carriage forward
p.ex.	par exemple	for example, e.g.
p.p.	port payé	carriage paid
p.p^{on}	par procuration	by proxy
P.T.T.	Postes, Télégraphes et Téléphones	General Post Office
P.V.	petite vitesse	by goods train
q.	quintal	hundredweight
R.F.	République Française	
r.p.	réponse payée	reply paid
R.S.V.P.	Répondez, s'il vous plaît	Please reply
S.A.	Société Anonyme	Limited Company
s.b.f.	sauf bonne fin	under the usual reserve
S.E.O.	sauf erreur(s) ou omission(s)	errors and omissions excepted
S.O.	sans objet	not applicable
Sté	Société	Company
T.S.V.P.	tournez s'il vous plaît	please turn over; P.T.O.
U.R.S.S.	Union des républiques socialistes soviétiques	U.S.S.R.
v.	votre; vos	your
Ve; Vve	veuve	widow

Differences between English and American vocabulary and spelling

Differences in vocabulary

British English	American English	British English	American English
aeroplane	airplane	draper's shop	dry goods store
arrange a meeting	fix a meeting	estate agent,	real estate agent,
autumn	fall	house agent	realtor
billion	a thousand millions	expenses	operation costs
		fill in (a form)	fill out
block of flats	apartment house	gamble on the market	play the market
bonnet (of a car)	hood		
to book a room	to make a reservation	gilt-edge investment	blue chip investment
booking clerk	ticket agent	goods train	freight train
booking office	ticket office	government	administration
to break a journey	to stop over	greengrocer	vegetable man
business & shopping district	downtown section	ground floor	first floor
		grow (potatoes)	raise (potatoes)
by-law	ordinance	have you ...?	do you have ...?
carriage forward (paid)	freight not pre-paid (prepaid)	hoarding	billboard
		holiday	vacation
carrier	expressman	hood (of car)	top
cash on delivery	collect on delivery	100 pounds hundredweight	hundredweight 112 pounds
		Inland Revenue	Internal Revenue
category	classification	inquiry office	information bureau
chairman of the company	president of the corporation		
		job lots	broken lots
change trains	transfer	journalist	newspaper man
cheque	check	keep (in store)	handle
(railway) coach	car	label (noun)	tag
company law	corporation law	to let	to rent
compulsory	mandatory	letter of complaint	claim letter
consignment	shipment		
cornfield*	grainfield	lift	elevator
counterfoil (of cheque)	stub (of cheque)	Limited (Ltd.)	Incorporated (Inc.)
current account	checking account	lorry	truck
cutting (from a newspaper)	clipping	luggage	baggage
		market gardener	truck farmer
to deal	to trade	motor-car	automobile
debenture	bond	note (e.g. dollar)	(a dollar) bill

199

Differences in vocabulary

number engaged	line busy	situation	location
offer	tender	situations vacant	help wanted
ordinary shares	common stock	solicitor	attorney
P.T.O.	over	a (French) subject	a (French) citizen
packed	packaged		
packet	pack	supply depart-ment	procurement department
petrol	gasoline; gas		
post	mail	sweets	candy
postman	mailman	telephoned	called
preference shares	preferred stock	tender (for a contract)	bid
a quarter to (past) five	a quarter before (after) five	terminus	terminal
railway	railroad	time-table	schedule
rates	local taxes	tin	can
ring (phone)	call	ton	2240 pounds
rise (in salary)	raise	2000 pounds	ton
securities—list of	portfolio	tram	streetcar, trolley
securities	bonds	traveller	traveling sales-man
shareholders	stockholders		
shop assistant	sales clerk	truck	freight car
shopkeeper	storekeeper	underground (railway)	subway
shorthand typist	stenographer	van	truck
(building) site	(building) lot	z(Zed)	Zee
a (good, central)	a (good, central)		

*An American *cornfield* is a field of *maize*.

Differences in spelling

British English	American English	British English	American English
colour	color	instalment	installment
favour	favor	enrol	enroll
humour	humor	fulfil	fulfill (*i.e. the l is*
labour	labor (*as in other*		*doubled in a final*
	words ending in		*stressed syllable*)
	our the u *is*		
	omitted)		
		defence	defense
		licence	license
although	altho	offence	offense
through	thru		
		all right	alright
centre	center	wag(g)on	wagon
fibre	fiber		
theatre	theater	mould	mold
		plough	plow
kilogramme	kilogram	manoeuvre	maneuver
programme	program		
		anaemia	anemia
		anaesthesia	anesthesia
catalogue	catalog		
envelope	envelop		
		acknowledg(e)ment	acknowledgment
woollen	woolen	abridgement	abridgment
jewellery	jewelry	judg(e)ment	judgment
quarrelled	quarreled	guarantee	guaranty
travelled	traveled		
totalling	totaling		
labelled	labeled	enclosed cheque	inclosed check

Useful phrases/Expressions utiles

I should be grateful if you would ...	Je vous serais reconnaissant de bien vouloir/Je vous saurais gré de ...
I should be obliged ...	Je vous serais obligé ...
I should be (very) pleased to ...	Il me serait (très) agréable/Je serais (très) content/de ...
I am (very) pleased to/I have (great) pleasure in ...	J'ai l'avantage de/J'ai (grand) plaisir à ...
I am pleased to note that ...	J'enregistre avec satisfaction le (la, l') ...
I shall be happy to ...	Je serais heureux de ...
I am happy to/let you know/inform you/that ...	Je suis heureux de/vous faire savoir/porter à votre connaissance/que ...
I thank you for ...	Je vous remercie de ...
I shall be delighted to ...	Je serais enchanté de ...
I hasten to ...	Je m'empresse de ...
I hope you will be able to ...	J'espère/J'ose croire/J'ose espérer/qu'il vous sera possible de ...
I acknowledge the receipt of ...	J'accuse réception de ...
In (By) your letter/of the above reference ... /of the ... of this month ...	Par votre lettre/indiquée ci-dessus ... /du ... courant ...
By a recent letter ...	Par un récent courrier ...
According to our previous correspondence ...	D'après nos correspondances antérieures ...
We should like to ...	Nous nous permettons de ... /Nous aimerions ...
In reply to ...	En réponse à ...
Following the ...	Comme suite à ...
With reference to ...	En me/nous référant à ...
In confirmation of ...	En confirmation de ...
Please find enclosed ...	Veuillez trouver ci-joint (ci-inclus, sous ce pli) ...
I have been notified that ...	Il m'a été notifié que ...
I have just received ...	Je viens de recevoir ...
I advise you that ...	Je vous avise que ...
I draw your attention to ...	J'attire votre attention sur ...
May I ...?	Je me permets de ...
May I call on your kindness to ...?	Veuillez me permettre de faire appel à votre amabilité pour ...
Please ...	Veuillez .../Je vous prie de bien vouloir ...
Please keep me informed of ...	Veuillez me tenir informé (au courant) de ...
Please let me know urgently ...	Veuillez me faire savoir d'urgence ...
Please be good enough to ...	Veuillez avoir l'obligeance de ...
Please send me ...	Veuillez m'envoyer/m'adresser/me faire parvenir ...
Please note that ...	Veuillez prendre note de ...
I have taken due note of ...	J'ai pris bonne note de ...

Useful phrases/Expressions utiles

I note with regret that ...	Je constate avec regret que ...
I am sorry to ...	Je suis au regret de ...
I am very sorry to ...	Je suis navré/désolé de ...
I regret to ...	J'ai le regret de ...
I find myself under the painful obligation of ...	Je me vois dans la pénible obligation de ...
I wish (have the honour) to apply for ...	J'ai l'honneur de solliciter ...
I am able to ...	Je suis à même de ...
It is in your interest to ...	Il est de votre intérêt de ...
I am prepared/willing to ...	Je suis prêt/disposé à ...
Wishing to be of service ...	Désireux de vous être agréable ...
I thank you in anticipation ...	Je vous (en) remercie d'avance ...
I thank you for your kindness	Je vous remercie de votre bienveillance
I await ...	Je reste dans l'attente de ...
I hope to hear from you soon/in the near future	J'espère vous lire prochainement/sous peu
Please be assured that ...	Soyez convaincu de ...
Please forgive this unfortunate error (oversight) ...	Veuillez excuser cette fâcheuse inadvertance ...
I wish to apologize for the inconvenience I have caused	Je tiens à vous adresser mes excuses pour l'embarras que je vous cause
by return of post	par retour du courrier
under separate cover	par courrier séparé
in accordance with ...	selon/conformément à ...
at your convenience	à votre convenance
at a mutually convenient time	à une heure qui nous convienne mutuellement

Examples of letters

Telex:
Bworth 11233

CHARLES BUTTERWORTH LTD
(Furniture Manufacturers)

17 Hill Road, Cambridge, 6ZE 2DP
Telephone 069 4326

Telegrams:
Butworth
Cambridge

Your ref: MC/AA

Our ref: PT/RC

Mr M Cameron
Furniture Dept
Knights Ltd
15 Starcross St
LONDON   SW1 2BB

15 September 1987

Dear Mr Cameron

<u>Lounge suites</u>

We were very pleased to receive your letter in answer to our
advertisement for sofas and armchairs and, as requested,
enclose a copy of our latest catalogue. A set of sample
materials is being sent under separate cover.

You may be particularly interested in our latest "Today"
range which is proving very popular with our customers. The
sofa is easily converted into a comfortable double-bed and
the armchairs are supplied with matching cushions. You
will find particulars of our terms in the price-list printed
in the catalogue.

We very much look forward to a trial order. It will enable
you to see for yourself the high quality of the material
and finish.

Yours sincerely

Paula Taylor (Ms)
Sales Manager

Enc: 1 catalogue

Registered office: 17 Hill Road, Cambridge, 6ZE 2DP
Regd. No. 000000 Vat No. 000 0000 00
Directors: D. A. Butterworth, Frank Samuels, Henry Monks

Exemples de lettres

DURAND & CIE
Meubles
14, rue Argenton
31450 ORLÉANS

R.C. Orléans 17 B 60
Tél. (38) 27-61-40

C.C.P. Orléans 32500 N
B. N. C. I.
agence Orléans 12-30

VOS REFERENCES:
   AD/PB
NOS REFERENCES:
   761/LM/DI

Etablissements VILLOTE
43, place Trianon
75008 Paris

OBJET:
   Votre livraison du....

ORLÉANS,
le   25 novembre 1987

Messieurs,

   Votre envoi de meubles, annoncé par lettre du 10 courant, m'est parvenu ce matin. Je me vois obligé de vous informer, à mon grand regret, que plusieurs d'entre eux se sont révélés endommagés. Vous trouverez sous ce pli deux listes détaillées des dégâts.

   Il semblerait que plusieurs éléments étaient sans aucune protection malgré leur long voyage et paraissent s'être entrechoqués à plusieurs reprises au cours du trajet.

   Croyez que je suis vraiment désolé d'être obligé de vous signaler ce fâcheux incident. Je tiens l'envoi à votre disposition afin de vous permettre de faire sur place toutes constatations utiles.

   J'espère vous lire au plus tôt à ce sujet.

Veuillez agréer, Messieurs, mes meilleures saluatations.

L. MARTIN

P.J. : 2 listes